GÜTERSLOHER
VERLAGSHAUS

Gütersloher Verlagshaus. Dem Leben vertrauen

In Erinnerung an Felix und Julia

Für Stephan, Katja und Jael,
für Rita und Ursula
und alle anderen, die Anteil an dieser Geschichte haben,
in großer Dankbarkeit.

© Stephan Schlensog

Jutta Flatters, geboren 1956, Diplomtheologin, verheiratet, zwei Kinder. Nach mehrjähriger wissenschaftlicher Tätigkeit am Institut für Ökumenische Forschung von Hans Küng war sie Dozentin an der Ev. Fachhochschule für Sozialwesen in Reutlingen. Danach Referentin in der Erwachsenenbildung mit den Schwerpunkten Feministische Befreiungstheologie sowie Behinderung und Theologie.

JUTTA FLATTERS

Anders, als man denkt

Leben mit einem behinderten Kind

Gütersloher Verlagshaus

Bibliografische Information der Deutschen Nationalbibliothek
Die Deutsche Nationalbibliothek verzeichnet diese Publikation in der Deutschen Nationalbibliografie; detaillierte bibliografische Daten sind im Internet über http://dnb.d-nb.de abrufbar.

Mix
Produktgruppe aus vorbildlich bewirtschafteten Wäldern und anderen kontrollierten Herkünften
www.fsc.org Zert.-Nr. GFA-COC-1278
© 1996 Forest Stewardship Council
FSC

Verlagsgruppe Random House FSC-DEU-0100
Das für dieses Buch verwendete FSC-zertifizierte Papier *Munken Premium* liefert Arctic Paper Munkedals AB, Schweden

1. Auflage

Umschlagfoto: Wassily Kandinsky, »Studie zu Herbst I«, (1910)
© VG Bild-Kunst, Foto: © Peter Willi/ARTOTHEK, Bonn 2009
Druck und Einband: CPI – Ebner & Spiegel, Ulm
Printed in Germany
ISBN 978-3-579-06888-1

www.gtvh.de

Inhalt

Zur Einführung: Leben mit Behinderung als Herausforderung und Chance

Kontrasterfahrungen

Wer hätte das gedacht? Am späten Abend, wenn ich unsere 13-jährige Tochter auf ihrer Therapieliege für das Bett fertig mache, zieht sie, ihre Hand bestimmt, aber vorsichtig-zärtlich in meinem Nacken, meinen Kopf herunter, an ihr Ohr, in das ich flüstern muss, lange erst in das eine, dann in das andere Ohr – und sie lacht selig, lautiert vergnügt und schaut mir zwischendurch tief in die Augen.

Oder sie »rauft« mit mir, ihrem Papa oder ihrer Schwester, wild strampelnd, dreht und wendet sich, so dass das Umziehen harte Arbeit ist, zieht hin und wieder an unseren Haaren (keine Aggression, sondern halt eine ihrer »Waffen« im »Ringkampf«) – und kriegt sich schier nicht mehr ein vor Freude, dass sie unseren Pflegebemühungen entwischt.

Dieser Kontakt, diese Nähe, dieses Glück – wer hätte das gedacht, als alles anfing? Da haben wir von solchen Situationen nicht mal zu träumen gewagt!

Der Anfang war schwer, so schwer, dass ich wohl vieles vergessen bzw. verdrängt habe. Dabei wussten wir gar nicht gleich, dass unsere Tochter »schwer mehrfach«, das heißt schwer körperlich und geistig behindert sein würde. Dass es so sein könnte, ließ der Verlauf dieser meiner zweiten Schwangerschaft ahnen und bestätigten die Ärzte nach einer Fruchtwasseruntersuchung als 50%ige Möglichkeit. Ein unklarer Befund ließ nicht mehr Gewissheit zu, bestärkte aber gerade deshalb den Verdacht, das Kind könnte behindert sein. Unter ständiger Überwachung verbrachte ich zwölf Wochen fast ununterbrochen im Krankenhaus – mit einer fünfjährigen Tochter zu Hause – bis zum vorzeitigen geplanten Kaiserschnitt Anfang der 37. Woche. Das Licht der Welt erblickte ein 1.880 Gramm leichter Winzling (auch für dieses Alter viel zu leicht), das den nächsten Morgen in meinem Bauch voraussichtlich nicht mehr erlebt hätte. Zum ersten, keineswegs zum letzten Mal hatten wir Glück – hier in Gestalt einer Ärztin und einer Hebamme mit dem richtigen Gefühl: Jetzt muss das Kind kommen! Und das Entbindungsteam kämpfte hart um ihr Leben.

Als ich, noch halb bewusstlos von der Vollnarkose, sie in ihrem Wärmebettchen kurz vor dem Abtransport in die Kinderklinik sah, hatte ich nur zwei Gedanken: Der Albtraum ist wahr geworden, aber du lebst, tapferes Kind! Und ein Gefühl unendlicher Dankbarkeit und Liebe, mit dem ich wenigstens kurz in den Inkubator greifen und sie einmal berühren durfte.

Vier Monate Klinik folgten, unterbrochen nur von einem knapp zweitägigen ersten Entlassungsversuch nach zwei Monaten, dann zehn Jahre, in denen die Kinderklinik zu meinem »Zweitwohnsitz« wurde. Eine eindeutige Diagnose gibt es bis heute nicht, nur ein immer komplexer werdendes Syndrom. Manchmal kam ich mir vor, als ob wir, Eltern, Ärzte, Ärztinnen, Pflegepersonal, alle mit diesem unbekannten Syndrom wie mit einem Drachen kämpften: Wir hauten einen Kopf ab – und zwei neue wuchsen nach.

Unsere Tochter entpuppte sich als tapfere Kämpferin: Bis zur totalen Erschöpfung wehrte sie sich schreiend und strampelnd gegen alle Eingriffe und schließlich jegliche Berührung, aber sie hielt durch – und mit der Zeit konnte sie offensichtlich in den Zeiten, in denen sie gerade mal nicht akut krank war, ein wenig Entspannung finden.

Zwischen diesen Anfängen und der eingangs beschriebenen Szene liegt also ein langer Weg – ein Weg voller banger Stunden, schmerzlicher Erfahrungen und bitterer Einsichten, aber auch ein Weg, auf dem wir lernten, das Leben mit Behinderung als eine Herausforderung zu sehen und als eine Chance, vieles neu sehen zu lernen.

Davon will ich hier erzählen, primär also von mir – und von unserer behinderten Tochter »nur« insofern ihr Schicksal eng mit meinem, meines mit ihrem verbunden ist.

Aus »Schlüsselerfahrungen« lernen

Als »Schlüsselerfahrungen« (vom Englischen *disclosure experiences*) werden in der Theologie Erfahrungen bezeichnet, die einen »entschlüsselnden«, offenbarenden Charakter haben. Bildlich gesprochen werden überraschend Türen geöffnet zu völlig neuen Erfahrungsräumen. Schlüsselerfahrungen lehren, Dinge wahrzunehmen, die zuvor außerhalb des eigenen »Gesichtsfeldes« lagen; sie erschließen unerwartet neue Perspektiven und lehren ein vertieftes Verständnis der Wirklichkeit. Plötzlich sieht man das Leben oder Aspekte des Lebens völlig anders und ist gezwungen, über einiges neu nachzudenken. Das Nach-Denken gehört dazu, denn Erfahrungen wollen verarbeitet, die Deutung, die in Erfahrungen selbst immer schon enthalten sind, überprüft werden: Was jede und jeder daraus macht, liegt dann an ihr oder ihm.

Zu einer solchen Schlüsselerfahrung kann die Geburt eines

zumal schwerbehinderten Kindes werden. Ob ich nur geschockt bin oder radikal ablehnend oder ganz anders reagiere, hängt von vielem in der Vorgeschichte und gegenwärtigen Situation ab; in jedem Fall ist die Erfahrung »Ein behindertes Kind ist geboren« immer schon gedeutet. Nach-Denken und neue Erfahrungen können diese Deutung und die Wahrnehmung selbst verändern, erweitern, vertiefen.

Im Leben betroffener Familien beginnt hier ein lebenslanger Prozess, der mit einem Paukenschlag anfängt. Plötzlich ist alles anders, zum Beispiel die innerfamiliären Beziehungen, die soziale, berufliche, damit auch finanzielle Situation. Zunächst ist man voll und ganz mit der Bewältigung des Alltags beschäftigt. Aber mit der Zeit stellen sich immer mehr Fragen, meist aufgrund von mehr oder weniger einschlägigen Erfahrungen, eben weiteren Schlüsselerfahrungen mit diesem Kind, und allmählich verändert sich der eigene Blickwinkel.

Ich kenne keine betroffene Familie, bei der dies nicht so ist. Das heißt nicht, dass alle dieselben Erfahrungen machen, dieselben Fragen stellen oder dieselben neuen »Seherfahrungen« machen; aber vergleichbar sind diese Prozesse durchaus. Und der Austausch darüber vertieft immer wieder das eigene Nach-Denken.

So werde ich hier von unserem Leben mit einem schwerbehinderten Kind erzählen, indem ich von einigen Schlüsselerfahrungen ausgehe, die mir/uns widerfahren sind. Ich berichte vom mühsamen Sehenlernen, von schmerzhaft errungenen Einsichten, von einer Art Bekehrung aus Verzweiflung über die Herausforderung, plötzlich ganz anders zu leben, als wir es uns vorgestellt hatten.

Dieser Bericht enthält einige Szenen aus unserem Alltag, ist aber keine Autobiografie, kein reiner Erfahrungsbericht.

Mit dem Blick auf den gesamtgesellschaftlichen Zusamenhang deute ich vielmehr meine Erfahrungen und greife im Nach-Denken Erkenntnisse auf, die ich meinem jahrzehntelangen Engagement als Feministische Befreiungstheologin verdanke. Wissenschaftliche Überlegungen fließen insofern – und nur insofern – mit ein, als sie Spuren in unseren Köpfen und in unserer Alltagspraxis hinterlassen und also unser aller Leben beeinflussen, ob wir wollen oder nicht. Um dies zu erkennen und damit auch manche Widerstände und Probleme besser zu verstehen, an denen sich Betroffene im Alltag abarbeiten, sind gewisse theoretische Anstrengungen vonnöten. Aber das soll niemanden vom Lesen abschrecken; ich habe mich bemüht, diese stets an Alltag und Erfahrungswelt anzubinden.

Was das Buch will

Zum Nach-Denken anregen also will dieses Buch, indem ich nicht repräsentativ, sondern subjektiv einige Stationen meines Weges darlege, in der Hoffnung, mein Beispiel, meine Gedanken mögen für andere, die privat von Behinderung betroffen sind oder beruflich damit zu tun haben, hilfreich sein – so wie die Erzählungen anderer Mütter, die ältere behinderte Kinder haben, *mir* eine große Ermutigung waren, umzudenken, mein neues Leben in die Hand zu nehmen und daran zu glauben, dass ich es schaffen kann, aus dieser Situation etwas zu machen, sie aktiv zu gestalten.

Zugleich hoffe ich, scheinbar nicht von Behinderung betroffene Menschen dafür zu gewinnen, darüber nachzudenken, was sie für ein normales Leben halten und welche Dimensionen, die faktisch zu jedem Leben gehören, sie vielleicht ausblenden.

Zum Nach-Denken einladen bedeutet, einen Perspektivwechsel anzuregen: quasi einmal neben sich zu treten und das eigene Denken, die eigene Praxis mit anderen Augen zu betrachten.

Dazu erzählt dieses Buch von einer Reise, unserer Reise, auf ungebahnten Wegen zu Zielen, die immer wieder neu festgelegt werden müssen. Was das Leben mit Behinderung für mich und uns bedeutet und bedeuten kann, mussten und müssen wir je neu erfinden, gangbare Wege erst bauen. Was dabei bisher herausgekommen ist, ist kein Königsweg, keine Autobahn, auf der andere hinterherbrausen könnten; es ist ein Pool an Erfahrungen und Überlegungen, die sagen wollen: So ist es bei uns – und wie ist es mit Ihnen/Euch?

TEIL 1

Eine Gesellschaft perfekter, ganz »normaler« Menschen?

1. Heute noch ein behindertes Kind bekommen?

»Ja, haben Sie das denn nicht vorher gewusst?«

Nachdem unsere zweite Tochter schwerbehindert zur Welt gekommen war, gehörten jahrelang Szenen wie diese zu meinem Alltag: »Ist die Kleine süß! Wie alt ist sie denn?« Eine Altersangabe löste Irritationen aus: »Was, da ist sie aber klein – und läuft und spricht nicht? – Was hat sie denn? Ist sie *behindert*?« Ratlosigkeit – und dann sehr oft, zu oft, die Frage: »Ja, haben Sie das denn nicht vorher gewusst? Haben Sie denn keine Untersuchungen machen lassen? Da gibt es doch heute viele Möglichkeiten ...!« Was diese Fragen, von wildfremden Menschen in der Warteschlange beim Einkaufen, im Bus, auf dem Parkplatz gestellt, alles beinhalten!

Eine Zeit lang habe ich solche Bemerkungen gefürchtet. Aus dem Haus gehen konnte zu einer Art Spießrutenlaufen werden, obwohl unser Kind doch ganz »normal« aussah, nur eben sehr zierlich und deshalb eher besonders »niedlich« war. Allerdings: Eine kleine Nasensonde in den ersten Lebensmonaten signalisierte: »Da stimmt etwas nicht.« Trotzdem ärgerte mich die Distanzlosigkeit – ich stelle doch mir fremden Menschen keine so indiskreten Fragen, erkundige mich gar nach Diagnosen! Aber die Annahme, Behinderung müsse bei entsprechender Vorsorge nicht sein, alarmierte mich. Besonders zwei Kommentare lassen mich nicht mehr los: »... So etwas hätte es früher nicht gegeben!«, fügte ausgerechnet einer, vom dem ich wusste, dass er KZ-überlebender gebürtiger Jude war, der Standardfrage nach dem Vorher-Gewusst-Haben hinzu. Und ein von uns geschätzter Kollege, Theologe also, den wir noch während der Schwangerschaft ins Vertrauen gezogen hatten, gab zu bedenken, ob es nicht *unsozial* sei, ein behindertes Kind zu bekommen, weil behinderte Menschen eine nicht unerhebliche Belastung für die kleine und große Gemeinschaft seien!

Tiefsitzende Stachel: Bis heute läuft es mir immer wieder kalt über den Rücken, wenn ich bedenke, welche Ängste ich hätte ausstehen müssen, hätte ich mit meinem behinderten Kind einige Jahrzehnte früher, womöglich zur Zeit des Nationalsozialismus gelebt. Dagegen haben wir jetzt ja geradezu paradiesische Zustände! Denn was hat sich alles in den letzten Jahrzehnten getan! Nicht nur im Bereich der Medizin, ohne deren inzwischen gewonnene Erkenntnisse und Medikamente unsere Tochter wohl kaum überlebt hätte. Wie viele Sondereinrichtungen – von Frühförderung über Kindergärten und Schulen bis hin zu Beratungsstellen, Pflegediensten und Pflegeeinrichtungen – gibt es inzwischen, und wie viele Selbsthilfeorganisationen und -institutionen! Andererseits zeigen Erfahrungen wie die eben geschilderten, dass es noch lange nicht selbstverständlich ist, dass Menschen mit Behinderungen ein gleichberechtigter Teil unserer Gesellschaft sind und dass es dafür keiner besonderen Rechtfertigung bedarf, weil Behinderung nun mal zum menschlichen Leben gehört. Besonders der zweite Kommentar, die Frage, ob es *unsozial* sei, ein behindertes Kind zu bekommen, verweist auf eine noch zu erörternde Problematik, nämlich den Zusammenhang zwischen individueller Entscheidung, auch Recht auf Selbstbestimmung genannt, und gesellschaftlicher Verantwortung für die Art bzw. die Folgen einer solchen Entscheidung.

Spät möglicher Schwangerschaftsabbruch bei drohender Behinderung

Ich hatte wegen verschiedener Probleme in der Schwangerschaft tatsächlich eine Fruchtwasseruntersuchung (Amniozentese) machen lassen. Zumindest wollte ich wissen, was auf mich zukommt. Das Ergebnis war ein genetischer Befund, der keine klare Deutung zuließ: »Ihr Kind könnte hochgradig körperlich und geistig behindert – oder völlig gesund sein.« Ein unklarer Befund! Damit hatten wir bei unseren Vorüberlegungen nicht gerechnet; auf diese Möglichkeit hatte uns auch in der der Amniozentese vorausgehenden Pflichtberatung niemand aufmerksam gemacht. Trotzdem war uns klar, dass ein unklarer Befund keine wirklich beruhigende Tatsache darstellte. Dementsprechend wurden wir auch freundlich darüber informiert, dass ein Schwangerschaftsabbruch bis zur 24. Woche, hier vor Ort, problemlos möglich sei.

Wir befanden uns im Jahr 1995, als noch die so genannte embryopathische bzw. kindliche Indikation galt. Danach war ein so später Schwangerschaftsabbruch zulässig, wenn »dringende Gründe für die Annahme sprechen, dass das Kind infolge einer Erbanlage oder schädlicher Einflüsse vor der Geburt an einer nicht behebbaren Schädigung seines Gesundheitszustandes leiden würde, die so schwer wiegt, dass von der Schwangeren die Fortsetzung der Schwangerschaft nicht verlangt werden kann.« (§ 218 a Abs 2 Nr.1 StGB in der von 1976 bis Okt. 95 geltenden Fassung). Erst kurz nach der Geburt unserer Tochter, nämlich zum 1. Oktober 1995 trat die »(sozial)-medizinische Indikation« in Kraft, bei der es nur noch auf die gesundheitliche Situation der *Frau* ankommt, eigentlich nur der Schwangeren, »in Ausnahmefällen« der Frau nach der Geburt, »wenn sich im Einzelfall gerade die Belastung durch den späteren Lebensunterhalt für das Kind negativ auf den Gesundheitszustand der Mutter auszuwirken droht«. Mit dieser Neuregelung des § 218 sollte laut Gesetzgebung klargestellt werden, »dass eine Behinderung niemals zu einer Minderung des Lebensschutzes führen kann«. (Riedel 2003, S. 128f.) Entsprechend positiv wurde diese Neuregelung nicht nur von Behindertenverbänden bewertet und begrüßt. Fachleute bezweifeln allerdings, dass die gewünschte Klarstellung tatsächlich gelungen ist, zumal »Einzelfallentscheidungen« zu Fragen der ärztlichen Haftung bei nicht erkannten drohenden Behinderungen so gefasst seien, dass die Belastungen nach der Geburt *regelmäßig* angeführt werden könnten. (Urteile dazu bei Riedel, a.a.O., S. 128f.; kritisch zu dieser Neuregelung Speck 2003, S. 114-116) Vor vorschnellen moralischen Urteilen sollte man sich hüten, spiegelt sich doch hier das Problem, einerseits die Menschenwürde und den unbedingten Schutz von Menschen mit Behinderungen von Anfang an festzuschreiben – und gleichzeitig, existenzielle Notsituationen anzuerkennen. Allerdings hat der Deutsche Bundestag am 14. Mai 2009 eine Gesetzesnovelle verabschiedet, die nun wieder «Spätabtreibungen« *auch* wegen der »Behinderung oder schweren Erkrankung des Kindes« ermöglichen soll, vorausgesetzt der Arzt hat eine eingehende Pflichtberatung durchgeführt und die Schwangere danach eine dreitägige Bedenkzeit eingehalten.

Ermöglichung von freier Entscheidung oder Qual der Wahl? Ich hatte es darauf ankommen lassen, aber ich hatte auch zuvor schon die Wahl gehabt: Auch die »soziale Indikation« wäre eine Möglichkeit gewesen, mit der wir sicher durchgekommen wären: Dem Vater der Kinder drohte damals Arbeitslosigkeit; mit unserer Beziehung stand es nicht zum Besten; ich war gerade dabei, endlich meine Doktorarbeit abzuschließen und im Übrigen ohne feste Anstellung, ohne regelmäßiges eigenes Einkommen. Die Problematik war also komplexer, als ich hier offenbare. Dies sei der Redlichkeit halber nicht ganz verschwiegen. Allerdings hatte ich mich bereits gegen die »soziale Indikation« entschieden. So rückte die Tatsache, dass wir nach dem Anfangsverdacht, mit dem Kind könne etwas nicht stimmen, mehrfach auf die (spät mögliche) embryopathische Indikation hingewiesen wurden, die Problematik eugenischer Selektion (der Entscheidung über das Leben(srecht) eines Ungeborenen nach »gutem« oder unnormalem Erbgut) in den Vordergrund.

Standen wir bis dahin vor der Frage, ob wir es schaffen könnten, ein zweites Kind quasi »mitlaufen« zu lassen, war nun mit der Möglichkeit zu rechnen, dass dieses Kind unser Leben radikal verändern könnte. Mussten wir also plötzlich hier und jetzt wieder über »lebenswertes« und »lebensunwertes« Leben entscheiden? Und damit meinten wir nicht nur das möglicherweise behinderte Kind, sondern auch *unser* Leben *mit* diesem Kind! Was bedeutet es in dieser Gesellschaft mit einem behinderten Kind zu leben? Wie könnte die Zukunft dieses Kindes aussehen? Was würde alles auf es zukommen? Und auf uns? Manchmal hatte ich das Gefühl, mir würde der Boden unter den Füßen weggezogen – hatte ich mir doch ein ganz anderes Leben vorgestellt und bisher gelebt, das einer »modernen« Frau eben, berufs- und möglichst auch erwerbstätig trotz Kindern.

Doch während die Angst manchmal schier meine Seele auffraß, reifte unser Entschluss: Wir würden uns nicht gegen ein Kind entscheiden, nur weil es behindert sein könnte. Wir würden uns nicht in die Tradition eugenischer Selektion stellen.

Nachdem wir uns beruflich viel mit dem Nationalsozialismus und seiner Vorgeschichte beschäftigt hatten, mussten wir einfach an die Etikettierung von psychisch Kranken sowie geistig Behinderten als »minderwertig« und »lebensunwert« seit den 20er-Jahren und vorher schon denken, und an ihre Ermordung während der Zeit des Nationalsozialismus. Solche Verbindungsfäden zwischen pränataler Selektion (»vorgeburtlicher Auswahl«) heute und der Eugenik des »Dritten Reichs« zu knüpfen, mag umstritten sein, aber für mich drängten sie sich im Moment eigener existenzieller Betroffenheit auf – zumal ich einem theologischen Ansatz nahestehe, für den die Erinnerung an die Mühen, Kämpfe und Leiden von Menschen, die in Vergessenheit geraten sind oder zu geraten drohen, wichtig ist.

Aber nicht nur das: Für uns war es auch eine Frage der Einstellung zum Leben überhaupt. Gehört Behinderung dazu? Oder war Behinderung, wie die Medizin insbesondere im Zusammenhang mit Pränataldiagnostik und Präimplantationsdiagnostik zu unterstellen scheint, verhinderbar? Mein Mann brachte es für sich auf den Punkt: »Was wäre denn, wenn *ich* morgen einen Unfall hätte und behindert wäre?«

Seitdem begleitete uns – unabweisbar, drängend – die Frage, was menschliches Leben, was unser Leben trotzdem gelingen lassen könnte, wie wir dieser möglicherweise schweren Aufgabe gerecht werden sollten – und auch die Angst vor einem Scheitern daran.

Ist es unsozial, ein behindertes Kind zu bekommen?

Wer damit in erster Linie »Belastungen für die große und kleine Gemeinschaft« meint, muss diese Frage womöglich bejahen.

In einem vom Kapitalismus geprägten Land sind die Kosten, die ein schwerbehindertes Kind verursacht, sicher ein Argument. Arztbesuche, Klinikaufenthalte, Pflegegeld, Hilfsmittel, Therapien, Sondereinrichtungen, Anpassung von Wohnverhältnissen und dem gesamten Alltag an die Bedürfnisse des Kindes und anderes mehr – all das kostet »die öffentliche Hand« oder die »Solidargemeinschaft« sowie die betroffenen Familien viel, viel Geld. Allerdings haben wir auch mehrfach die Erfahrung gemacht, kostensparende Wege nicht gehen zu können, weil entsprechende gesetzliche Grundlagen dafür fehlten. Doch ändert dies nichts an der Tatsache, dass es zu einem halbwegs »normalen« Leben mit Behinderung erhebliche finanzielle Mittel und Unterstützung braucht.

Dazu kommen unbestreitbar jede Menge immaterielle Belastungen: Akute gesundheitliche Krisen und Krankenhausaufenthalte müssen immer neu bewältigt, chronische Schlaflosigkeit ausgehalten, Einschränkungen im sozialen, kulturellen und innerfamiliären Leben hingenommen und viele Kämpfe mit Ärztinnen, Ärzten, Krankenkassen, Ämtern ..., oft um verbriefte Rechte, durchgestanden werden. Nach über zwölf Jahren persönlicher Erfahrung und Kontakt zu anderen Familien könnte ich hier eine lange Liste erstellen.

Es ist also wahr: Ein behindertes Kind zu bekommen, bringt viele Belastungen mit sich. Aber ist das die ganze Wahrheit?

Ein Kind ist ein Kind

»Du wirst dieses Kind lieben, egal wie es ist, einfach, weil es dein Kind ist!«, sagte meine treueste Begleiterin in kleinmütigen Stunden zu mir. Immens tröstliche Worte, die für eine andere Perspektive stehen. Zwei amerikanische AutorInnen formulierten das so: »Das Wichtigste an der Geburt eines behinderten Kindes ist, dass ein Kind geboren ist!« (nach Feder Kittay 1999, S. 147) Die Auseinandersetzung mit der *Behinderung* des Kindes und die Frage der Akzeptanz dieser Behinderung steht in der Regel auf einem anderen Blatt. Dieser Akt liebender Annahme eines Neugeborenen, der ja viel mehr ist als ein Gefühl, sondern ein die ganze Existenz umgreifendes Ja, geschieht jenseits von allen Kosten-Nutzen-Erwägungen, jenseits von allen Ängsten vor Belastungen und verweist auf eine andere Betrachtungsmöglichkeit, in der nicht die Behinderung, sondern der Mensch im Vordergrund steht.

Wie so oft fand unsere erste Tochter, damals 6- oder 7-jährig, im passenden Moment für diese Perspektive die angemessenen Worte: Als eine Reihe von Kindern um den Kinderwagen mit ihrer kleinen Schwester herumstanden und unbefangen feststellten, mit *dem* Mädchen könne etwas nicht stimmen, beugte sie sich quasi schützend über ihre Schwester, nahm sie in den Arm und sagte laut und bestimmt: »Aber ich hab sie lieb!«

Menschen, die erleben mussten, dass Kinder oder andere Angehörige durch Unfall oder Krankheit zu Behinderten wurden, werden das leicht nachvollziehen können. Sie werden ja in der Regel nicht aufhören, ihr Familienmitglied zu lieben, weil er oder sie jetzt behindert ist. Ich werde im Abschnitt über Behinderung und Leiden auf die Frage, ob die Behinderung eines Menschen oder Menschen mit Behinderungen im Zentrum individueller wie gesellschaftlicher Betrachtungen stehen, zurückkommen.

Hier geht es mir darum, deutlich zu machen, dass es individuell wie gesellschaftlich verschiedene Möglichkeiten gibt, Behinderung wahrzunehmen, so wie das Leben überhaupt. Die »Aktion Mensch« hat vor einiger Zeit die entscheidende Frage ins Zentrum einer groß angelegten Medienaktion gestellt: »In welcher Gesellschaft wollen Sie leben?« In einer, die unser aller Leben unter Kosten-Nutzen-Aspekten betrachtet oder in einer, die die unbedingte, verfassungsrechtlich verankerte Würde des Menschen als Menschen respektiert, egal, wie dieser Mensch ist und was er oder sie kann oder nicht kann?

Hier stellt sich die Frage nach unseren Konzepten von »gutem« und »normalem« Leben: Was gehört dazu, was nicht? Was sind für uns Normalbiografien, welche Werte und Erfahrungen sind damit verbunden, und was bleibt auf der Strecke?

Individuelle Entscheidungen fallen nicht auf einer einsamen Insel

»Selbstbestimmung« ist in unserer Gesellschaft ein hohes Gut und daher ein scheinbar unschlagbares Argument, wenn es um die Befürwortung medizintechnischer Eingriffe wie Pränatal-, Präimplantationsdiagnostik und Reproduktionsmedizin mit ihren Möglichkeiten künstlicher Befruchtung geht. So wird Frauen beziehungsweise Paaren im Namen der Selbstbestimmung angeboten, sich ihren persönlichen Wunsch, möglichst ein eigenes, gesundes Kind zu bekommen, zu erfüllen.

Auch ich habe mich im Zuge der Frauenbewegung dafür eingesetzt, dass Frauen je für sich das Recht auf Selbstbestimmung in vollem Umfang und gleichem Maße, wie es Männern zugestanden wird, in Anspruch nehmen können. Gemeint war damit Abwehr von Fremdbestimmung, sei es durch »die Natur«, durch festgeschriebene gesellschaftliche Rollen oder anderes mehr.

Allerdings habe ich zugleich gelernt, dass es gar nicht so leicht ist, selbstbestimmt zu leben, weil, so der damalige Slogan der Frauenbewegung, »das Private politisch ist«. Das bedeutet, zwischen unseren scheinbar ganz privaten, persönlichen Situationen, Entscheidungen, Problemen und dem Umfeld, der Gesellschaft, in der wir leben, gibt es einen Zusammenhang. Unsere individuellen Lebensvorstellungen sind vom sozialen Umfeld geprägt. Und private, individuelle Entscheidungen können wiederum erhebliche politische, gesellschaftliche Auswirkungen haben.

Die Inanspruchnahme von Pränataldiagnostik und die daraus gezogenen Konsequenzen können meines Erachtens deshalb nicht nur individualistisch betrachtet werden, sondern müssen das gesellschaftliche Umfeld beachten. Genau das beinhaltet die Frage, ob es unsozial sei, ein behindertes Kind zu bekommen. Sie spricht an, dass unsere »private« Entscheidung Auswirkungen für die Gesellschaft haben wird oder haben kann, in diesem Falle »unsoziale«, weil die Gesellschaft belastende. Zu kurz gegriffen, zumindest in dieser Wertung, meine ich.

Auswirkungen individueller Entscheidungen auf die Gesellschaft – und umgekehrt

Stellen wir uns einmal vor, was es für unsere Gesellschaft bedeuten könnte, wenn alle oder viele sich entschieden wie wir, also *für* die Geburt eines Kindes mit (drohender) Behinderung; oder eben alle beziehungsweise viele *gegen* die Austragung von Kindern mit genetischen Dispositionen zu Krankheiten oder Behinderungen. Würden diese vielen individuellen Entscheidungen nicht Auswirkungen haben auf das »gesellschaftliche Bewusstsein«, das »soziale Klima«, kurz die in einer Gesellschaft vorherrschenden Vorstellungen vom »guten« und »normalen« Leben und den entsprechenden sozialen Normen?

Zugespitzt formuliert: Nicht nur Belastungen in Kauf zu

nehmen, könnte unsozial sein, sondern auch diese vermeiden zu wollen. Denn viele individuelle Entscheidungen gegen genetisch belastete Kinder könnten zu einem Klima der Entsolidarisierung nicht nur mit behinderten, sondern vielleicht auch anderen nicht (mehr so) gut funktionierenden Menschen – und in diesem Sinne zu einem unsozialen Klima führen. Dies jedenfalls ist eine Befürchtung, die vor allem in der Behindertenbewegung immer wieder geäußert wird. Zu Recht, meine ich.

Umgekehrt müssen wir aber auch fragen, wie frei wir wirklich von unseren individuellen Selbstbestimmungsrechten Gebrauch machen können. Rechnen wir überhaupt mit gesellschaftlichen Zwängen, die die Möglichkeit autonomer Entscheidungen einschränken können – gerade dann, wenn wir uns nicht bewusst damit auseinandersetzen?

Hier könnte manches genannt werden, angefangen bei unseren Vorstellungen vom guten und normalen Leben über das vorherrschende Frauen- und Familienbild bis hin zur »normalen« Schwangerschaftsvorsorge, zu der immer häufiger Pränataldiagnostik gezählt wird. »Die Leistungsgesellschaft ist auf dem besten Weg, selbst das Kinderkriegen unter Leistungsdruck zu stellen«, notierte denn auch die FAZ bereits im Jahr 2001. (nach Graumann 2003, S. 37) Wenn sich infolge der immer besseren vorgeburtlichen Diagnostik ein Verständnis von sozialer Verantwortung durchsetzt, das die Geburt eines kranken oder behinderten Kindes letztlich verbietet – wie frei ist dann eine junge Frau, ein junges Paar, sich *gegen* einen solchen Trend zu stellen? »Haben Sie das denn nicht vorher gewusst?«, wurde ich damals oft gefragt. Wie wird das erst heute klingen, nach Jahren, in denen die Medizin auf dem Gebiet pränataler Diagnostik und Genomanalyse galoppierende Fortschritte vorweisen kann? Sollte der Druck, nur ja kein krankes oder behindertes Kind zur Welt zu bringen, dadurch nicht gestiegen sein? Und wer hält die Erinnerung daran wach, dass viele, ja die meisten Behinderungen nicht genetisch bedingt, sondern *erworben* werden, während der Geburt oder durch Unfälle und Krankheiten im späteren Leben? Immerhin gelten nur etwa 4 % der Behinderungen als angeboren!

Wie aber wäre es in einer Gesellschaft, in der Behinderung und Krankheit als etwas ganz Normales, eben zum Leben Dazugehöriges angesehen werden? Und in einem sozialen Umfeld, in der Mütter/Eltern und Kinder sicher sein können, alle notwendende Unterstützung zu erhalten, nicht nur am Anfang, nicht nur sporadisch, sondern ein Leben lang? Könnte die Entscheidung für ein krankes oder behindertes Kind dadurch nicht erleichtert werden?

Erfreulicherweise gibt es diese Perspektive ja auch in unserer Gesellschaft. Sonst gäbe es all die oben erwähnten zahlreichen unterstützenden Einrichtungen und Maßnahmen nicht. Und auch nicht das große Engagement vieler einzelner Menschen. Aber dass sich selbst Bundespräsidenten dazu geäußert haben (Weizsäcker 1993, Johannes Rau 2004), darf wohl als Indiz dafür gewertet werden, dass die Verschärfung des sozialen Klimas auch als Folge der modernen Medizin eine reale Gefahr darstellt. Letzten Endes geht es auf der politischen Ebene um die Frage, ob wir uns als Solidargemeinschaft verstehen, die bereit ist, für ein menschenwürdiges Leben aller Geld auszugeben – und dies auf der Basis eines Menschenbildes, das das Nicht-Perfekte, das Unterbrechende, auch das Leidvolle zu integrieren vermag.

Das, was man Zeitgeist nennt, ist ziemlich weit davon entfernt. So werden wir uns alle – ich schließe mich hier nicht aus

– schwer damit tun, unsere Vorstellungen von einem guten und normalen Leben mit solchen »idealistischen« Vorstellungen zu verbinden, besonders dann, wenn wir eine andere Wahl haben oder zu haben scheinen.

Weil die Welt ist, wie sie ist: Ja zur Straffreiheit des Schwangerschaftsabbruchs

Als ich im Jahre 1995 in einer schwierigen Lebenssituation schwanger wurde und dann noch erfuhr, das Kind könne möglicherweise behindert sein, habe ich *gewählt*, diese Schwangerschaft fortzusetzen. Diese Entscheidung setzte eine Wahlmöglichkeit voraus, die ich als solche, zumindest hinsichtlich der »sozialen Indikation«, bejahe. Gerade weil ich weiß, was es bedeutet, mit einem behinderten Kind zu leben, möchte ich mit der Veröffentlichung meiner persönlichen Entscheidung keine Frau verurteilen, die anders entschieden hat oder entscheidet. Eine »Lebensschutzposition« nach Art der US-amerikanischen *Moral Majority*, die Frauen nicht nur mit Argumenten und Gesetzen, sondern im Extremfall auch mit Gewalt an Schwangerschaftsabbrüchen hindern (wollen), soll sich nicht auf mich berufen können. Über das soziale Klima und vorherrschende Vorstellungen von Lebensqualität kritisch nachzudenken, ist das eine; aber Tag für Tag mit seinem Leben für eine individuelle Entscheidung einzustehen, etwas anderes. Hier scheint mir die Problematik für die betroffenen Frauen bezüglich der »sozialen« und der »medizinischen« Indikation durchaus vergleichbar. Nachdem es nach wie vor die Frauen sind, die dafür geradezustehen haben, sollen sie auch entscheiden können, ob sie sich zutrauen, in der gegebenen Situation ein Kind ernähren und erziehen zu können. Von der Möglichkeit des Schwangerschaftsabbruchs Gebrauch zu machen, kann doch auch bedeuten, bereit zu sein, in einer subjektiven *no-win*-Situation etwas Schweres auf sich zu nehmen, womöglich sogar dem eigenen Verständnis zufolge schuldig zu werden, um Schlimmeres zu verhindern.

Wenn ich hier auch auf Zusammenhänge zwischen individueller Entscheidung und sozialer Verantwortung hingewiesen habe, will ich es doch nicht jeder einzelnen Frau auflasten, Beispiel-gebend voranzugehen. Aktuelle Notlagen sind ernst zu nehmen – genauso wie die Tatsache, dass Frauen ihr Leben lang für eine solche Entscheidung die Folgen zu tragen haben.

Mag sein, dass EthikerInnen hier einen Wertungswiderspruch ausmachen können; aber wie ich oben schon im Zusammenhang mit der Neuregelung des § 218 im Jahre 1995 erwähnt habe, ist es einer, der quer durch unsere Gesellschaft und selbst durch die Rechtsprechung geht. Zurückzuführen ist er auf unterschiedliche Perspektiven beziehungsweise Weltbilder, die mal mehr das individuelle Schicksal, mal mehr den humanistisch-sozialen Aspekt der Solidarität mit Kranken und Behinderten in den Vordergrund stellen. Moralischer Rigorismus kann die einzelnen Probleme kaum lösen. Gefragt ist eher nachhaltige praktische Solidarität.

Deshalb muss ich es nicht gutheißen, habe aber Verständnis dafür, wenn Paare sich ein eigenes, gesundes Kind wünschen oder wenn Frauen sich nicht zutrauen, für ein Kind, gar ein behindertes, zu sorgen. Da gibt es für mich kein definitives Gut oder Böse, schon gar nicht, wenn es darum geht, *anderen* etwas zuzumuten.

2. Behinderung und Leiden

Behinderung bedeutet Leiden

Dass Behinderung und Leiden eng miteinander verbunden sind, habe ich schnell erfahren. Nicht nur, weil der Anfang so schwer war und in der Tat nicht enden wollendes Leiden für unser behindertes Kind wie die ganze Familie mit sich brachte; auch das Mitleid der Umwelt spiegelte diesen Zusammenhang: »Ach wie schrecklich!« »Dass Ihnen das passieren musste!« »Das arme Kind!« »Die arme Schwester! Sicher muss sie auf vieles verzichten!« Unzählige Male habe ich, haben wir, solche und ähnliche Sätze gehört.

Natürlich war und bin ich oft froh über alle Anteilnahme. Mehr als das: Oft war und bin ich auf Verständnis, erst recht auf tätige Anteilnahme, angewiesen! Zum Beispiel, wenn ich mal wieder kopflos, weil völlig übermüdet, war; oder wenn die Nerven blank liegen, weil zu viel zusammen kommt; oder wenn ich für das ältere Kind in Betreuungsschwierigkeiten war, weil ich zum x-ten Mal notfallmäßig in die Klinik musste; oder wenn ich wiederholt eine Verabredung nicht einhalten konnte, weil die Kleine in kritischem Zustand war; oder wenn der Kühlschrank restlos leer war, weil das Wetter es nicht zuließ, mit dem extrem anfälligen Kind einkaufen zu gehen; oder, oder … Ohne die verständnisvolle, unspektakuläre, oft unerwartete Hilfe von sehr vielen Menschen wäre unser Leben in den ersten Jahren kaum zu bewältigen gewesen! Außerdem kann ich nicht leugnen: Selbst blankes Mitleid in Form von anteilnehmenden Worten tat und tut manchmal gut.

Aber trotz alledem habe ich zugleich gespürt, dass es mit

dem Zusammenhang von Behinderung und Leiden nicht ganz so einfach ist. Jedenfalls fühlte ich mich manchmal einfach nur gekränkt, ohne zu wissen, warum. Manchmal dachte ich trotzig: »Ich will nicht mit meiner Familie zum bemitleidenswerten Opfer werden!« Lag es an Nuancen in der Formulierung? War ich undankbar und ungerecht? Wo war das Problem?

Eine Spur fand ich, als mich eine Frau, der ich sehr viel verdanke, fragte: »Und warum kannst du sie nicht sterben lassen?« Bestimmt war dies solidarisch gemeint, war ich doch gerade in einer Situation, in der ich völlig erschöpft war vom buchstäblichen Überlebenskampf. Und trotzdem war ich entsetzt: Warum in aller Welt sollte ich mein Kind sterben lassen? Also das unterlassen, was ich zu ihrem Überleben beitragen kann? Nein, passive Sterbehilfe war hier nicht die Frage; an dem Punkt waren wir erfreulicherweise nicht. Die Frage war vielmehr, ob ein Leben mit Behinderung *nur* schrecklich und also nicht lebenswert ist. Das, was mich kränkte, ärgerte oder auch wütend machte, waren nicht Mitleid oder Anteilnahme als solche, sondern Worte, die subtil, unbewusst wahrscheinlich, die Existenz unserer Tochter in Frage stellten: »Ein Leben mit zumal so schwerer Behinderung ist doch kein Leben!«

In der Fachliteratur fand ich einen Namen für dieses Phänomen: »Ausschlusslogik«. (z. B. Zaviršek 1999, S. 52) Ausschlusslogik meint, Behinderung ist eine Last, für die Angehörigen, die Umwelt, die »normale« Gesellschaft sowie natürlich für die Behinderten selbst. Und je nach Schwere dieser Last wird – in Mitleid und Barmherzigkeit verpackt – unterstellt, dass es ja für die Betroffenen selbst besser wäre, der behinderte Mensch würde sterben oder besser noch gar nicht erst geboren werden. Auf jeden Fall aber werde »Behinderung [...] in unserer Gesellschaft primär als Schicksalsschlag und als persönliche Tragödie, zumindest aber als Leiden, wahrgenommen.« (Rommelspacher 1999, S. 17)

Die Gleichsetzung von Behinderung mit Leiden scheint also eine unumstößliche Tatsache zu sein, die keiner Überprüfung bedarf; und ebenso, dass es geradezu eine moralische Verpflichtung ist, diesem Leiden entgegenzuwirken, am besten, es zu verhindern.

Nun ist es keine Frage, dass Behinderung mit Leiden verbunden ist – oder Leiden mit sich bringen *kann*. Aber die Annahme, Behinderung bedeute *nur* oder *primär* Leiden, wird Menschen, die direkt oder indirekt von Behinderung betroffen sind (als Menschen mit Behinderung oder als Angehörige) nicht gerecht. Eine genauere Betrachtung ist also nötig.

Wider die Identifikation von Leiden und Behinderung

Hier geht es nicht darum, reales Leiden zu bagatellisieren, sondern die *Identifikation* von Behinderung mit Leiden zu problematisieren.

Leiderfahrungen haben wir genug. Tatsächlich wäre es schwer, Worte für all das zu finden, was unsere jüngere Tochter von Anfang an durchlitten und ausgehalten hat. Besonders in ihren ersten Lebenswochen und -monaten saß ich, wenn sie mal wieder schwer akut erkrankt war, oft an ihrem Bett und fragte mich, ob es richtig war, dieses Kind zu bekommen und ihr damit all dieses Leid, diese Schmerzen zuzumuten. Jedenfalls gedeihte in diesen Zeiten bei mir ein gewisses Verständnis für Menschen, die sich mit dem Argument der Leidvermeidung gegen die Austragung eines behinderten Kindes entscheiden.

Und auch heute noch blutet mein Herz, wenn ich daran denke, was noch so kommen könnte, Krankheiten, Operationen und andere unangenehme therapeutische Maßnahmen, mit größerer Wahrscheinlichkeit als bei Menschen ohne Behinderungen – Gedanken, die ich meist schnell wieder verdränge.

Und dennoch haben wir von Anfang an um ihr Leben gekämpft, nicht aus Unfähigkeit, sie »loszulassen« (dieser Unterstellung sind wir immer mal wieder begegnet), sondern weil wir sie – wie so viele andere Eltern behinderter Kinder ihr Kind – lieben, wie sie ist, weil sie uns unendlich wertvoll ist und wir an dem Sinn ihres Lebens niemals Zweifel hatten. Unser Kind ist und bleibt eben unser Kind.

Zugespitzt formuliert: Unsere Tochter ist behindert, sogar »schwer mehrfach behindert«; etwas provokativ könnte ich hinzufügen – na und? Ist damit schon etwas über ihre Lebensqualität gesagt? Oder über ihre Persönlichkeit? Sie hatte und hat große, ja lebensbedrohliche gesundheitliche Probleme – aber die haben andere nicht-behinderte Menschen, zumindest zeitweise, auch. Ihr fehlen Fähigkeiten, die ganz selbstverständlich zum Menschsein zu gehören scheinen, z. B. die Fähigkeit zu sprechen oder sich selbstständig fortzubewegen; zudem ist sie geistig behindert. Keine Frage: Das verlangt einen erheblichen pflegerischen Einsatz, dazu von allen, die mit ihr zu tun haben, eine große Anstrengung, sich jenseits von gewohnten Kommunikationsregeln mit ihr zu verständigen und herauszufinden, was sie, die durchaus ihren eigenen Kopf hat, will. Aber ist sie deshalb weniger Mensch als andere Menschen? Ist es schon ausgemacht, dass Leben für sie Leiden und Last bedeutet, dass sie lieber tot oder gar nicht erst geboren worden wäre? Womöglich hängt sie ja mehr am Leben und ist glücklicher als mancher andere nicht von Behinderung betroffene Mensch!

Wie oft schon hat sie bewiesen, dass sie eine tapfere Kämpferin ist, mit einem starken Lebenswillen! Wie sehr kann sie sich über Zuwendung und Verständnis, über Musik und tanzende Bewegungen mit ihr freuen, wie sehr Kleinigkeiten, wie eine sanfte Brise um die Nase, Sonne auf den Bauch, Wasser zum Plantschen, genießen – Vergnügen, die wir ihr wegen der extrem hohen Infektanfälligkeit so selten gönnen können! Ihr Lachen über eine schöne Erfahrung, ihre Freude über eine gelungene Begegnung, bei einem witzigen Spiel, lehrt alle, wie schön es sein kann, einer anderen – ihr – eine Freude zu machen.

Kurz: Sie hat unter vielem zu leiden, aber sie leidet keineswegs nur.

Genauso geht es uns Angehörigen. Das Leben mit unserer kleinen Prinzessin ist gewiss nicht leicht; natürlich leiden wir mal mehr, mal weniger unter den zahlreichen Belastungen, die das Leben mit einem schwerbehinderten Kind mit sich bringt (vergleiche auch meinen Abschnitt »Zeiten der Verzweiflung«). Und natürlich haben wir uns viele Gedanken gemacht, wie wir angesichts dieser Belastungen mit unserer ersten, fünf Jahre älteren Tochter umgehen, und wie das alles für sie ist. Wie ein Damoklesschwert schwebt ja über den Familien mit einem behinderten Kind das Stichwort »Geschwisterproblematik« und damit die Annahme, die nicht-behinderten Geschwister würden unter dem behinderten Geschwisterkind leiden, kämen zu kurz, müssten auf so vieles verzichten ... Nur, wer unsere Große fragt, ob sie denn unter der Schwester gelitten habe oder leide, wird Unverständnis ernten. Sicherlich lassen sich, im Detail betrachtet, viele Situationen nennen, die zu erleben hart für sie waren; oder Dinge, die vor allem wir gerne mit ihr gemacht hätten und nicht machen konnten. Dennoch bleibt die Frage, ob nicht auch ihr Leben an Qualität und Intensität gewonnen hat, statt nur von Belastungen und Entbehrungen gekennzeichnet zu sein.

Dasselbe gilt für uns Eltern. Auch für uns lässt sich die Frage nach der Beeinträchtigung unserer Lebensqualität keinesfalls mit einem schlichten Ja beantworten.

Schließlich besteht kein Zweifel: »Die« Gesellschaft hat, wenn man so will, ebenfalls unter uns zu leiden, da wir z. B. finanzielle und soziale Rechte in Anspruch nehmen (Kranken- und Pflegeversicherung, Hilfsmittel, Sondergenehmigungen und ähnliches mehr). Außerdem wird unser soziales Umfeld in Mitleidenschaft gezogen, insofern wir oft ein Störfaktor sind, weil unser Kind sich nicht angemessen verhält, etwa in unpassenden Situationen laut wird oder gar schreit. Das *ist* eine Belastung, auch für uns, so dass wir dann lieber gehen oder gleich verzichten, auch wenn uns viele Gegenargumente aus Integrationsbemühungen einfallen, die im Prinzip alle richtig sind.

Umgekehrt haben wir auch öfter unter »der Gesellschaft« zu leiden – ein Leiden, das von Unverständnis und Angestarrt-Werden über bürokratische oder rechtliche Hürden und Lücken bis hin zu tatsächlichen unüberwindlichen Barrieren (unzugängliche Räume, unzureichende Toiletten und anderes mehr) reicht.

Aber auch diese Leidenserfahrungen sind nicht unausweichlich und unabänderlich mit Behinderung verbunden: Das Leiden an der Gesellschaft nimmt ab in dem Maße, wie Behinderung tatsächlich als normaler Bestandteil einer Gesellschaft und des menschlichen Lebens insgesamt angesehen wird. Wer näheren Kontakt mit von Behinderung betroffenen Menschen hat, wird – so nicht nur unsere Erfahrung – in der Regel toleranter. Tatsächlich muss und kann der Umgang mit Behinderungen und von Behinderung betroffenen Menschen erlernt werden, betonte denn auch 2003 der damalige Bundespräsident Johannes Rau in einer Rede in Berlin, in der er zunächst von eigenen einschlägigen Lernerfahrungen berichtete. (Rau 2004, S. 12ff.) Die Belastungen, die eine Gesellschaft zur Stützung ihrer »assistenzbedürftigen« Mitglieder in Kauf nimmt, können sich dann, wie oben schon angesprochen, durchaus positiv auf das soziale Klima auswirken.

Warum ist all das aber so schwer zu vermitteln? Warum hält sich die Identifikation von Behinderung mit Leiden so hartnäckig? Ein Blick auf die Hintergründe und in die Geschichte schafft hier Klarheit.

Der »medizinische« und der »soziale« Blick auf Behinderung

In der ethischen Literatur und den Schriften der Behindertenbewegung ist immer wieder von zwei »Modellen«, Behinderung zu betrachten, die Rede: dem »medizinischen« und dem »sozialen« Modell, das die Behindertenbewegung als kritisches Gegenüber zum älteren medizinischen Modell versteht. Das medizinische Modell kennt man heute fast nur aus der Polemik gegen es: Ihm wird vorgeworfen, dass es nur auf das Nicht-Normale schaue, also auf Beeinträchtigungen, Funktionsstörungen, Krankhaftes, und dass therapeutische Angebote mit der Botschaft gekoppelt seien: »Sei und werde anders.« Demgegenüber hat die internationale Behindertenbewegung selbstbewusst formuliert: »Man ist nicht behindert, man wird behindert.« Nicht Behinderungen als solche seien das Problem, sondern Diskriminierungen in der Gesellschaft, also etwa Vorurteile und eine nicht behindertengerechte Umwelt, die Behinderte eben deshalb an einer aktiven Teilnahme am normalen Leben hindere.

Hilfreich zum besseren Verständnis beider Ansätze ist es, etwas über ihre Geschichte zu wissen:

Die Wurzeln des *medizinischen Modells* reichen bis in das 19. Jahrhundert zurück, also in eine Zeit, in der gerade die Naturwissenschaften, darunter die Medizin und die Biologie (Darwin z. B. oder zuvor schon Spencer mit der Theorie vom Überleben der anpassungsfähigsten Lebewesen) immense Erkenntniszuwächse hatten, die sich weit über diese Fachgebiete hinaus auswirkten: Die Gesellschaften des 19. Jahrhunderts waren ja infolge der sich überall ausbreitenden Industrialisierung in einem radikalen Umbruch. Fortan wurde alles, was das Funktionieren der neuen, industrialisierten Gesellschaft störte, in biologisch-medizinischen Kategorien erfasst und entsprechend behandelt. So galten Menschen mit einer körperlichen oder/und geistigen Behinderung oder auch mit seelischen Störungen, aber auch Menschen mit einer von der »Normalität« abweichenden Lebensform (Homosexuelle z. B., später auch Juden und »Zigeuner«) von nun an als »abnorm, krankhaft, widernatürlich, degeneriert, minderwertig«. Anderssein wurde damit genauso wie abweichendes Verhalten pathologisiert und mit entsprechenden zeitgemäßen medizinischen Maßnahmen zu therapieren versucht. War das nicht möglich, gab es »Anstalten«, die von gutwilligen »Irrenärzten«, später auch von Theologen und Pädagogen gegründet und geleitet wurden. Es gab nun einen »gesunden Volkskörper« und »kranke«, »minderwertige« Menschen, die nicht dazu gerechnet werden konnten. Dieter Gröschke, Professor für Heilpädagogik, spricht hier von einer »Objektivierung, Naturalisierung und Biologisierung sozialer Phänomene« oder auch von einer »Medikalisierung der sozialen Frage«. (Gröschke 2003, S. 174) Seine Ausführungen helfen zu verstehen, was das bedeutet und warum diese Wurzeln bis heute ein schweres Erbe darstellen. (175ff.) Ich fasse sie kurz zusammen:

Nicht dass Behinderungen mit körperlichen und/oder geistigen Beeinträchtigungen oder Schädigungen einhergehen, ist das Problem, im Gegenteil: Wollte man darauf verzichten, bestimmte Merkmale objektiv feststellen zu können, wäre es kaum noch möglich, sinnvoll von Behinderung reden zu können. Das Problem ist vielmehr, dass »Beeinträchtigungen« oder »Schädigungen« keine wertneutralen Begriffe sind; statt rein medizinische *Tatsachen* zu *be*schreiben, beinhalten diese Begriffe nach allgemeinem Verständnis auch soziale *Zu*schreibungen: Menschen mit Behinderungen werden zu »Mängelwesen«; sie werden auf ihre »geschädigte Natur« festgelegt, und ihnen wird aufgrund des beschädigten Körpers auch eine beschädigte Identität unterstellt. Ihre »Lebensform wird als Leidensform wahrgenommen und zugeschrieben« und gerne mit Schwäche, Gebrechlichkeit, Versehrtheit, Krankheit in Verbindung gebracht. »In logischer Konsequenz wird der Mensch mit einer Behinderung von einem ›Subjekt mit Lebensgeschichte zu einem Fall mit Krankheitsgeschichte.‹« (a.a.O., S. 177)

Gegen diese nach wie vor wirkmächtige Art von Zuschreibungen wendet sich das *soziale Modell*. Es kritisiert die soziale Stigmatisierung aufgrund eines körperlichen Andersseins, die »Ausschlusslogik«, die Gleichsetzung von Behinderung mit Krankheit und Leiden. Wie Name und Slogan (»Man ist nicht behindert, man wird behindert«) bereits besagen, sind Ausgangspunkt und Ziel, das Phänomen Behinderung aus der medizinischen Umklammerung zu befreien und es als *soziale Aufgabe* zu verstehen. Statt Behinderte zu einem medizinischen Fall zu machen und an den Rand der Gesellschaft zu drängen, rückt die Gesellschaft als solche ins Zentrum der Überlegungen: Wie bereit und fähig ist sie, Menschen mit Behinderungen zu integrieren? Ist sie willens, sie als vollwertige, ganz normale Mitglieder mit ihrer je verschiedenen Lebensform anzuerkennen und ihnen zuzubilligen, dass sie, wie jede und jeder andere, *Subjekt* ihrer eigenen Lebensgeschichte sind? Mit anderen Worten, das soziale Modell stellt die Logik des medizinischen Modells auf den Kopf. Problemfälle sind nicht die Menschen, die von Behinderungen betroffen sind und/oder eine eigene, von der »Normalität« abweichende Lebensform haben; problematisch ist vielmehr eine Gesellschaft, die das Anderssein behindert oder durch entsprechende pränatale Vorsorge *verhindern* will.

Das soziale Modell stemmt sich damit gegen eine nachhaltige Geschichte und strebt eine notwendige Korrektur in unser aller Köpfen an. Einzelne Vertreter und AnhängerInnen gehen dabei so weit, die Medizin insgesamt mit Argwohn zu betrachten, und zwar nicht nur neuere biotechnologische medizinische Verfahren (wie z. B. Pränataldiagnostik oder Stammzellenforschung), sondern auch therapeutische Einflussnahmen (bis hin zur Physiotherapie), die nur das Ziel hätten, Behinderte so normal wie möglich zu machen. (Kritisch dazu Kuhlmann 2004, S. 52ff.)

So weit möchte ich als Mutter eines schwerbehinderten Kindes freilich nicht gehen. So sehr ich das Anliegen der Behindertenbewegung teile, das sie mit dem sozialen Modell verfolgt, so wenig sehe ich mich in der Lage, auf medizinische und therapeutische Maßnahmen zu verzichten. Aber diese Debatte muss hier nicht vertieft werden. Hilfreich scheint mir der Vorschlag des Arztes und Pychotherapeuten Gerhard Wolff zu sein, das eine Modell nicht gegen das andere auszuspielen, sondern von unterschiedlichen »Perspektiven« zu sprechen, die jeweils unterschiedliche Aspekte ins Auge fassen. (Wolff 2004, S. 25ff.)

Eine Verunglimpfung der »medizinischen Perspektive« als solcher mit ihren Apekten Ursachenforschung, Symptomerfassung, Therapie und Prävention (vgl. Wolff, a.a.O.) erscheint mir jedenfalls nicht angebracht – kommt doch kaum jemand ohne sie aus, nicht nur, aber zweifellos sehr häufig Menschen, die von Behinderung betroffen sind. Und wer will bezweifeln, dass die Medizin auf ihrem ureigenen Gebiet oft tatsächlich leidmindernd wirkt? Allerdings weiß ich auch aus eigener Erfahrung, wie sich die Konzentration z. B. von Ärzten oder Medizinischem Dienst auf das Nicht-Normale, Nicht-Altersgemäße, Nicht-Funktionierende auswirken kann, nämlich in der Summe, in der einem das regelmäßig und ausschließlich vor Augen geführt wird, absolut niederschmetternd! Besser zurecht komme ich damit erst, seit ich gelernt habe, »strategisch« damit umzugehen und in der (schul-)medizinischen Sicht eben nur eine, zwar wichtige, aber nicht ausschließliche Funktion zu sehen.

Ebenso wahr ist: Das medizinische Modell – heute vor allem im Zusammenhang mit Gen- und Reproduktionsmedizin auch »biomedizinisch« genannt (vgl. Puschke 2003) – hat sich unwissentlich und unbewusst als mehr oder weniger ausschließliche Perspektive in unser aller Köpfen festgesetzt: Nach wie vor klassifizieren und definieren wir Menschen mit Behinderungen über ihre Behinderungen. Wir sehen zuerst das, was anormal ist, was Behinderte nicht können; wir achten auf Funktionsstörungen und »Schädigungen«, und wir urteilen unbewusst »Ach, wie schrecklich!«, weil wir uns nicht vorstellen können, dass Menschen mit Behinderungen ihr Leben als ganz normale Existenzform ansehen, voller Höhen und Tiefen, Schwierigkeiten und Freuden. Mit dem biomedizinischen Blick wird eine Art Hilflosigkeit festgeschrieben: die Unfähigkeit, Menschen mit Behinderungen zuerst als Menschen wahrzunehmen, die, wie alle anderen Menschen auch, *vielfältige* Bedürfnisse, Möglichkeiten und Fähigkeiten haben und die nicht deshalb notwendig unglücklich sind, weil ihnen die ein oder andere Fähigkeit fehlt.

Kurz: Wir stellen die *Behinderung* eines Menschen ins Zentrum individueller und gesellschaftlicher Betrachtung, statt den *Menschen* zu sehen, der zufällig von Behinderung betroffen ist. Und wir identifizieren dabei Behinderung mit Leiden ohne uns Rechenschaft darüber zu geben, wessen Leid und welche Art von Leiden wir meinen. Dabei ist es keineswegs unerheblich, was wir über Behinderung denken, erst recht aber, welche Vorstellungen Entscheidungsträger wie Reproduktionsmediziner oder Gesetzgeber haben.

Praktische Auswirkungen verschiedener Bilder und Begriffe von Behinderung

Eigentlich logisch: Wie wir über Behinderung denken, beeinflusst unseren Umgang mit Behinderungen und mit von Behinderung betroffenen Menschen. Wer Behinderung als einen normalen Bestandteil des menschlichen Lebens betrachtet, als eine mögliche Variante des Lebens, die die einen früher oder später, mehr oder weniger, und andere gar nicht betrifft, wird sich anders verhalten als jemand, der Behinderung als Abweichung von der Normalität versteht, etwa »im Sinne einer Minusvariante des normalen, vollfunktionsfähigen körperlichen Lebens« (Lob-Hüdepohl 2003, S. 4; Bobbert 2005, S. 155) oder gar als Störfaktor. Ähnliches ließe sich von Krankheit sagen.

Das heißt: Die Einschätzung von Behinderung hat etwas damit zu tun, wie wir über das Leben *im Allgemeinen* denken, was wir für normal, gesund usw. halten. Bilder und Begriffe von Behinderung oder Vorstellungen davon, was Leben mit Behinderung bedeutet, haben also immer schon »Bezugsnormen« (Bobbert 2005, S. 156), das heißt Vorstellungen von Gesundheit, von einem normalen Leben, von dem, was ein Mensch können sollte, was er oder sie zum Leben braucht, und Ähnliches mehr. Aufgrund solcher Vorstellungen vergleichen und urteilen wir spontan »da stimmt etwas nicht«, »das ist nicht normal«, »hier liegt eine Schädigung vor«, bis hin zu dem Urteil: »Ein Leben mit Behinderung ist doch kein Leben«.

Fachuntersuchungen zu den Definitionen und Klassifikationen der Weltgesundheitsorganisation (WHO) sowie zum maßgeblichen deutschen Sozialrecht (SGB IX) zeigen, dass hier ebenfalls mit solchen Bezugsgrößen gearbeitet wird: Gesundheit, Wohlbefinden, Leistungsfähigkeit, Aktivitätspotenzial, Partizipationsfähigkeiten dienen, genau definiert oder mindestens umschrieben, als Richtnormen, aufgrund derer Schädigungen, Beeinträchtigungen, Funktionsstörungen, Krankheiten und Behinderungen festgestellt werden (können). (Vgl. hierzu Hirschberg 2003; Bobbert 2005)

Damit scheinen die internationale WHO und deutsches Recht negative Vorstellungen von Behinderungen aufzugreifen und fortzuschreiben, weil Behinderung als *Gegensatz* zu Gesundheit, Wohlbefinden erscheint und ein Gesundheitsbegriff zugrunde gelegt wird, in dem Gesundheit als Normalzustand erscheint und Krankheit und Schwäche ausgeschlossen sind.

Entsprechend heftige Kritik wurde in der Behindertenbewegung laut. Zwar wird anerkannt, dass die neueren Fassungen nicht mehr nur dem medizinischen Modell folgen, sondern soziale Bedingungen von Behinderung mit berücksichtigt haben; nichtsdestotrotz gehe der zugrunde gelegte Vergleich nicht nur an der Lebensrealität von Menschen mit Behinderungen vorbei, sondern verursache auch neues Leiden. Befürchtet werden soziale Auswirkungen von der weiteren Verfestigung rein negativer Vorstellungen vom Leben mit Behinderung bis hin zur Entsolidarisierung oder gar Ausgrenzung. Angesichts von Präimplantations- und Pränataldiagnostik müssten Behinderte schon jetzt ihre Existenz zunehmend rechtfertigen und beispielsweise bei Versicherungen und Arbeitgebern mit Diskriminierungen rechnen. (vgl. z. B. die Beiträge von Puschke und Volz 2003) Und wer will bestreiten, dass Entscheidungen gegen die Austragung genetisch auffälliger Embryonen von negativen Bewertungen von Krankheit und Behinderungen sowie von Angst vor Leid und Schmerz beeinflusst sind?

Etwas älter ist ein anderes, leicht nachvollziehbares Argument: Wenn Behinderung in einer Gesellschaft mit weitgehend negativen Vorstellungen besetzt ist, fällt es Menschen mit Behinderungen schwer, ein positives Selbstwertgefühl zu entwickeln: »Behinderte haben oft ein resignatives, wenn nicht fatalistisches Verhältnis zu ihrer besonderen Lebenssituation. Diese gilt ihnen als quasi ›naturgegeben‹, schließlich wird ihnen vom überwiegenden Teil ihrer sozialen Umwelt ein offenkundig regelwidriger Körper-/und/oder Geisteszustand attestiert«, schrieb 1999 die körperbehinderte Sozialpädagogin

Katja Dettmering und fährt fort: »Es ist schließlich weniger ein physisches als ein seelisches Leiden, das meinen Alltag erschwert. Ein Leiden, das aus der Erfahrung permanenter Ignoranz, Benachteiligung und Ausgrenzung seitens der Umwelt resultiert.« Positive Erfahrungen im Umgang mit ihrer Behinderung während einer USA-Reise ließen sie umdenken und sich dem oben skizzierten sozialen Modell von Behinderung anschließen: »Der Slogan ›Man ist nicht behindert, man wird behindert‹, den ich zuvor kaum inhaltlich füllen konnte, bekam für mich nun einen konkreten Sinn: Behinderung ist nichts anderes als eine Zuschreibung, eine gesellschaftlich zugewiesene Rolle, die ein demütigendes Verhalten der Umwelt legitimiert. Behinderung ist also nichts Statisches, nichts ›Naturgegebenes‹, sondern sie wird irrelevant, wenn die um die Behinderten angehäuften Barrieren fallen.« (Dettmering 1999, S. 179f.)

Zwar kann ich die Behauptung, Behinderung sei *nichts anderes* als eine Zuschreibung, wie oben schon erwähnt, nicht nachvollziehen; dennoch zitiere ich diesen Text, weil er das auch mir immer wichtigere Anliegen der Behindertenbewegung verdeutlicht, nämlich die Aufmerksamkeit auf *unnötiges*, durch das soziale Umfeld *bedingte* Leiden zu richten. Positiv formuliert: In einem angemessenen Umfeld können Menschen, die nicht-weg-zu-diskutierende Behinderungen haben, durchaus normal und gut leben.

Allerdings brauchen sie dazu Unterstützung. Wollen sie hier nicht auf rein caritative Zuwendungen und demütigende Hilfe angewiesen sein, bedarf es rechtlicher Anspruchsgrundlagen. Und genau darum geht es der Weltgesundheitsorganisation und dem deutschen Sozialrecht mit ihren scheinbar so negativen Vorstellungen von Behinderung, behauptet die Theologin und Psychologin Monika Bobbert: »Im Bereich der Krankenversorgung und Behindertenhilfe, im Sozialrecht und der Sozialpolitik geht es also nicht um eine angemessene Erfassung des Phänomens Behinderung in all seinen Dimensionen und Facetten, nicht um das Selbstverständnis von Menschen mit einer Behinderung und nicht um die Vielfalt der Möglichkeiten gelingenden Lebens, sondern um die Frage, welche Hilfsansprüche berechtigt sind und welchen Forderungen nach Hilfe oder Veränderung der Umgebungsbedingungen eine Gesellschaft nachzukommen hat.« (Bobbert 2005, S. 167)

Die negativen Vorstellungen von Behinderungen und der Vergleich mit positiven Bezugsgrößen (Gesundheit, Leistungsfähigkeit) offenbaren sich hier als Mittel zum Zweck: Nur wenn ich sage, was Behinderten *fehlt*, was sie vom »normalen«, »gesunden« Menschen *unterscheidet*, kann ich formulieren, welche Hilfen und Hilfsmittel gewährt werden müssen, um ihnen ein möglichst »normales« Leben zu ermöglichen.

So weit, so gut. Bleibt trotzdem das Problem, dass dieser Ansatz bei den Defiziten behinderter Menschen sich ja nicht auf die Gewährung von Hilfen beschränkt, sondern das vorherrschende Bewusstsein nachhaltig prägt, so dass es, mehr oder weniger, nahezu überall anzutreffen ist und Betroffene bitteren Erfahrungen aussetzt. Als Mutter eines behinderten Kindes kann ich das gut nachvollziehen, genauso wie die Not, sich zur Selbstbehauptung irgendwo zwischen *Anders- und Gleich*sein positionieren zu müssen: anders aufgrund der Behinderung, doch gleich in Bezug auf Chancen, Rechte, Beachtung der Würde als Menschen. (Mehr dazu im 3. Teil, Kap. 9)

Doch geht es hier nicht allein um gesellschaftliches Bewusstsein oder subjektives Erleben, sondern auch um handfeste Politik mit dem Defizitansatz. Während sie einerseits auf die Unterstützung von Menschen mit Behinderungen angelegt sein mag, kann sie doch auch auf die Verhinderung solcher »Minusvarianten« menschlichen Lebens zielen, und zwar mit dem Argument, Leid zu mindern.

Leidminderung, Leidvermeidung als »Politikfeld«

Dass Leid, wenn irgend möglich zu vermeiden oder zu beheben ist, scheint, wie gesagt, ein unschlagbares Argument zu sein, das jedenfalls hohe gesellschaftliche Akzeptanz genießt. Und tatsächlich, wer will bestreiten, dass es im Allgemeinen gut sei, Leid zu lindern oder gar zu vermeiden? Ein »Politikfeld«, wie die Soziologin Anne Waldschmidt (2006) das nennt, eröffnet sich hier erst, wenn wir näher hinsehen und fragen: Wessen Leid soll gemindert werden? Und welche Gründe werden dafür angeführt, dass dieses, nicht aber jenes Leiden zu vermeiden sei?

Es ist ja keineswegs so, dass jedes individuelle Leid einen Anspruch auf Minderung hat. Das Argument der Leidvermeidung hat hier vielmehr einen klaren »Ort«, nämlich die pränatale (vorgeburtliche) Diagnostik (PND und PID), und ein ebenso klares Ziel, nämlich die Geburt behinderter Kinder zu verhindern. Dass schon allein durch das Angebot dieser Diagnostik auch Leid *verursacht* wird, weil Paare in Ängste, Gewissensnöte und Entscheidungszwänge geraten, wird kaum öffentlich thematisiert. Hinzu kommt, dass das Argument der Leidvermeidung oder Leidminderung in anderen Zusammenhängen gerne auf taube Ohren stößt. Deshalb macht es Waldschmidt zufolge »Sinn zu fragen: Mit welchem Recht können bestimmte Betroffenengruppen – im Falle der PND z. B. schwangere Frauen und ihre Partner – fordern, dass ihr Leid vermindert wird, während Familien mit behinderten Kindern oft genug keine ausreichende Unterstützung erfahren und familienorientierte, ambulante Versorgungssysteme weiter unterentwickelt sind? [...] Der Umgang mit individuellem Leid wird also selektiert und gehorcht einer gesellschaftlichen Logik, darüber muss man sich im Klaren sein. Längst nicht jedes Leid wird für würdig befunden, behoben und abgemildert zu werden. Welches Leid als interventionswürdig anerkannt wird, darüber entscheiden nicht individuelle Bedürftigkeiten und Bedürfnisse, sondern kulturelle und gesellschaftliche Werte und Normen, Machtpositionen und Einflussmöglichkeiten, wissenschaftliche, politische und ökonomische Interessen.« (Waldschmidt 2006, S. 3)

Die Sorge, womöglich ein behindertes Kind zu bekommen, wird also gehört und kann ernst genommen werden, weil die Bedingungen dafür in den genannten Hinsichten günstig sind. Eine Rolle spielt nicht zuletzt, dass es sich hier um ein »individuelles« (eigentlich: individualisiertes) Leiden und ein Problem handelt, das mit technischen Mitteln leicht zu beheben ist oder zu sein scheint und damit gewissermaßen den Zeitgeist der Machbarkeit von (fast) allem bedient. Anne Waldschmidt spricht hier von einem »Lehrstück für den allgemeinen ›technological fix‹ [...] Ist eine bestimmte Problemlage einer technischen, instrumentellen Problemlösungsstrategie zugänglich, erhalten die Betroffenen eher als andere das Angebot von Hilfe und Unterstützung. Allerdings wird im Rahmen des ›technological fix‹ die Problemlage dann auch nur technokratisch bewältigt. Die Geburt eines behinderten Kindes kann man magisch – positiv als ›Wunder‹ oder negativ als ›Wechselbalg‹

– deuten, religiös – eher neutral als ›Prüfung‹ oder als Strafe Gottes für begangene Sünden – oder fatalistisch, als ›Schicksalsschlag‹; man kann aber auch technisch-instrumentell damit umgehen, sie als ›Betriebsunfall‹ im Fortpflanzungsgeschehen begreifen, als ›Störung‹, die es mittels medizin-technischer Intervention zu beheben gilt.« (Waldschmidt 2006, S. 4)

Wie ich bereits in der Einleitung bemerkte, zeigen diese verschiedenen Möglichkeiten, die Geburt eines behinderten Kindes aufzufassen, dass wir immer schon interpretierend wahrnehmen und entscheiden und zwar abhängig von unserem jeweiligen sozialen Lebenszusammenhang. Nun hat aber das Argument der Leidvermeidung zur Rechtfertigung einer Selektionspolitik laut Waldschmidt nur deshalb eine scheinbar unschlagbare, ja »suggestive« Kraft, weil dieser Zusammenhang schlicht ausgeblendet wird, obwohl er eigentlich unlösbar damit verbunden ist.

Wer also mit Leidvermeidung und Mitleid argumentiert und Politik machen will, müsste redlicherweise angeben, *wessen* Leid er oder sie meint: das des Kindes, der Eltern, möglicher Geschwister, »der« Gesellschaft? Und warum liegt zur Leidvermeidung die Verhinderung der Existenz eines Kindes näher als etwa die Leidminderung in Form von Gewährung aller notwendigen Hilfen? Welche Auswirkungen hat eine gezielte Selektionspolitik auf die Menschen, die bereits mit einer Behinderung leben, die von einer solchen Politik als nicht lebenswert erachtet wird? Schließlich wären weitere sozialpolitische Umstände mit zu bedenken: die vorhandenen medizin-technischen Möglichkeiten etwa sowie die enormen wirtschaftlichen Interessen; schließlich haben wir es bei der Gentechnologie mittlerweile mit einem Markt zu tun, bei dem es um Milliarden in mindestens zweistelliger Höhe sowie um hunderttausende von

Arbeitsplätzen geht (dazu z. B. Speck 2003, S. 117) Zu diesen technischen und wirtschaftlichen Umständen kommen kulturelle und gesellschaftliche Werte und »Bezugsnormen«, darunter Vorstellungen von Behinderung und Leben mit Behinderung, die abschreckend und angsterregend sind – oftmals deshalb, weil sie gerade nicht auf eigenen Erfahrungen mit von Behinderung betroffenen Menschen beruhen. Wer solche hat, wird, wie oben ausgeführt, in der Regel toleranter, mehr als das, dessen Blickwinkel ändert sich: nicht nur in der Wahrnehmung behinderter Menschen, auch gegenüber den eigenen »Bezugsnormen«, also den eigenen Vorstellungen von Normalität und Lebensqualität.

Was, bitte, verstehen Sie unter »Lebensqualität«?

Wer, wie ich bisher, ungeschützt von Lebensqualität spricht, begibt sich auf Glatteis, auf dem Ausrutschen oder gar Einbrechen droht. Denn die Rede von Lebensqualität birgt die Gefahr in sich, zu Urteilen zu gelangen, wonach dieses oder jenes Leben gerade nicht oder nicht mehr lebenswert sei. Sehen wir ein wenig näher hin:

Wenn ich bisher von Lebensqualität sprach, meinte ich: Auch ein Leben jenseits unserer »normalen« Vorstellungen von einem lebenswerten Leben kann gut sein; »kann« bedeutet hier: entzieht sich unter Umständen unserer Kenntnis, jedenfalls objektiver Beurteilung; »gut« zielt auf Wohlbefinden, beinhaltet aber auch Lebenswillen beziehungsweise Lebensbejahung im Unwohlsein, z. B. in akuten Krankheitsituationen. Letztlich habe ich mit dem Argument Lebensqualität einerseits zum Umdenken aufgefordert (ein gutes Leben kann ja auch anderes beinhalten, als man bis dahin dachte) und damit gleichzeitig das nackte Lebensrecht, die Existenz unseres Kindes verteidigt gegen entsprechende Infragestellungen wie »ach wie schrecklich« oder «ein Leben mit so schwerer Behinderung ist doch kein Leben«.

So einleuchtend das in unserem Fall zumindest für uns ist, lauert in einer solchen Argumentation die Gefahr, zum umgekehrten Schluss zu kommen: keine feststellbare oder zu erwartende Lebensqualität, also kein Lebensrecht, oder kein Anspruch auf Verbesserung der jeweiligen Lebensbedingungen. Jedenfalls muss ich zur Kenntnis nehmen, dass die Frage nach Lebensqualität eine große Rolle bei verschiedenen Entscheidungen spielt oder zu spielen scheint: zum Beispiel für oder meistens *gegen* die Austragung möglicherweise oder tatsächlich behinderter Kinder; für oder eher gegen die Anwendung lebenserhaltender Maßnahmen; für oder gegen die Gewährung von Hilfen bzw. Hilfsmitteln, Therapien, Rehabilitationsmaßnahmen und Ähnlichem mehr. Dabei scheinen Entscheidungsträger oft genau zu wissen, was Lebensqualität ausmacht und wo es vergeblich ist, sich darum zu bemühen. Das merkt man spätestens dann, wenn die eigenen Vorstellungen davon abweichen. Hier zeigt sich ein Dilemma: Einerseits ist es nicht möglich, *positiv* zu sagen, was objektiv Lebensqualität ist, weil die Vorstellungen davon zu verschieden sind. Andererseits scheint es nötig zu sein, gewisse Rahmenbedingungen für ein gutes Leben festzuschreiben, gerade um im Bedarfsfall wieder rechtliche Anspruchsgrundlagen zu haben. Wie soll man dieses Problem lösen? Der Philosoph Thomas Schramme (2005) bietet dazu aufschlussreiche Überlegungen. Demnach sind auf jeden Fall einige Eckpunkte zu berücksichtigen:

- Im Namen von Lebensqualität oder angeblich nicht vorhandener Lebensqualität darf niemals das Lebensrecht eines Menschen von außen bestritten, niemals also die Existenz eines Menschen als solche von anderen in Frage gestellt werden. (Ewas anderes ist, wenn jemand für sich selbst entscheidet, so, unter den gegebenen Umständen, nicht mehr leben zu wollen.)
- Die Rede von Lebensqualität zielt nicht auf das Lebens*recht* als solches, sondern auf das *Wohlergehen*, auf ein möglichst gutes Leben also. Was aber gehört zum Wohlergehen? Keine Frage: Hunger und Durst beeinträchtigen die Lebensqualität; aber muss ich auch mobil sein, mich verständigen, über Handlungsfähigkeiten sowie ein gewisses Maß an Beurteilungsvermögen, gar Bildung verfügen können? Je mehr menschliche Fähigkeiten hier als notwendige Voraussetzungen genannt werden würden, umso mehr Menschen würden herausfallen und könnten sich diskriminiert fühlen. Deshalb: Was zu einem »guten« Leben gehört, darüber entscheidet erst einmal *subjektives* Wohlbefinden beziehungsweise die individuellen Wünsche, Bedürfnisse und Interessen, die jemand als für sich elementar anmeldet oder die in bester Kenntnis der Situation einer betroffenen Person von Dritten (z. B. für Menschen, die sich nicht oder nicht mehr äußern können) formuliert werden können.
- Aber: Rein subjektives Wohlbefinden kann auch nicht das Maß aller Dinge sein, vor allem wenn man es womöglich nur mit dem Lustprinzip verbindet. Jede und jeder weiß, dass zum Wohlergehen manchmal Dinge gehören, die – zumindestens zunächst – unangenehm sind: Therapien, Prüfungen, andere große Anstrengungen … »Ohne Fleiß kein Preis« heißt es ja nicht von ungefähr schon sprichwörtlich.

> Mehr als das: Jede und jeder hat aus Erfahrung eine Idee davon, welche Bedingungen *objektiv* gegeben sein müssen, damit *keine* Einschränkung der Lebensqualität vorliegt. Entgegen der bei uns vorherrschenden Meinung gehört zu diesen notwendigen Gegebenheiten *nicht* unbedingt Gesundheit bzw. die Abwesenheit von Krankheit und Behinderung.

Mit anderen Worten: Auch kranke und behinderte Menschen können sich wohlfühlen und für sich in Anspruch nehmen, »gut«, »normal«, gerne, froh zu leben und ein ganz und gar erfülltes Leben zu haben. Zahlreiche Berichte und Lebensleistungen von Menschen, die in ganz unterschiedlicher Weise von Behinderung betroffen waren oder sind, bestätigen dies. Denken wir nur an die weltberühmte Künstlerin Frida Kahlo, die Schriftstellerin Helen Keller, den Astrophysiker Stephen Hawking, den Sänger Thomas Quasthoff, den Schriftsteller Christy Brown, die Autoren Fredi Saal, Axel Brauns und viele, viele andere.

Zu Recht schreibt daher Schramme: »Die Lebensqualität ist nicht durch medizinische Daten bestimmt«, zumindestens nicht nur. Und er bestätigt auch weiterhin meine ganz persönliche, ›naiv‹ formulierte Perspektive, indem er fortfährt: »Genau gegen diese eingeschränkte Sichtweise auf den funktionierenden oder kranken Organismus Mensch richtete sich ursprünglich das Konzept der Lebensqualität.« (Schramme 2005, S. 94) Statt Wohlergehen im *Gegensatz* zu Krankheit und Behinderung zu sehen, sollte im Namen von Lebensqualität eine »ganzheitlichere« Perspektive eingeführt werden, die den vielen verschiedenen Aspekten und Facetten eines »guten« menschlichen Lebens eher gerecht wird als eine rein medizinische Sicht. Mit dieser ganzheitlicheren Perspektive sollte zugleich den Betroffenen die Definitionsmacht zurückgegeben werden: Statt nur den Ratschlägen, Verordnungen und Urteilen von medizinisch geschultem Fachpersonal ausgeliefert zu sein, sollten von Behinderung betroffene Menschen selbst sagen können, was sie für ihr subjektives Wohlbefinden brauchen. In diesem Sinne spricht Otto Speck, Professor für Geistigbehinderten- und Verhaltensgestörtenpädagogik, von einem »normativen Leitbegriff«, der der »Selbstbestimmtheit bei der Lebensgestaltung behinderter und benachteiligter Menschen gegenüber *externen* (objektiven) Maßgaben« dienen sollte. (Speck 2003, S. 113)

Aber: Entgegen dieser ursprünglichen Intention begegnen wir heute dem Argument der Lebensqualität immer häufiger dann, wenn es um die *Verweigerung* von Maßnahmen geht, die die Betroffenen für sich als notwendig und wichtig erachten. Davon war eben schon die Rede. Otto Speck bringt das Problem – und damit zugleich die Erfahrungen so vieler Betroffener – auf den Punkt: »Der neue Leitbegriff der ›Qualität‹ orientiert sich nicht primär an dem, was der einzelne Betroffene als seine Lebenswertigkeit beanspruchen könnte, sondern mehr an externen Normen, wie Kosten, Preisen, Rentabiltät, Effizienz, Marktanteil u. Ä. Immerhin stammt der Begriff ›Qualität‹ aus der *Wirtschaft*. Er ist, auch wenn es offiziell um die Sicherung der Qualität von *Dienstleistungen* geht [etwa in Alten- und Pflegeheimen, bei ›Gesundheitskassen‹ u.a.m./JF], eindeutig stärker an ökonomische Maßgaben gebunden. Das ›Notwendige‹ oder ›Ausreichende‹ wird von außen her, z. B. von der Kassenlage her, bemessen. Die tatsächliche ›Lebensqualität‹ für behinderte und sozial abhängige Menschen wird auf diese Weise zu einem nachgeordneten Wert.« (Speck 2003, S. 113)

Einstweilen können wir daraus nur folgern: Wer im Namen von Lebensqualität für bessere Lebensbedingungen streitet, muss Rechenschaft darüber geben, was er oder sie darunter versteht. Dasselbe gilt aber auch für diejenigen, die entsprechende Maßnahmen als darüber Entscheidende verweigern! So würden wenigstens die Bedingungen, unter denen wir in gutem Glauben handeln, transparenter.

3. Mit Behinderung normal und gut leben?

Ja, das will ich, und das will wohl jede und jeder, nicht nur von Behinderung direkt oder indirekt betroffene Menschen. Am Ende meines Lebens sagen zu können, das war alles in allem ein gutes Leben, für mich, meine ganze Familie, also auch für unser behindertes Kind – das war von Anfang an mein ganz und gar unbescheidenes Ziel. Allen Widrigkeiten und Widerständen zum Trotz habe ich stets daran festgehalten. Trotz ist aus pychologischer Sicht eine Überlebenstrategie – oder kann das sein. Und genau das war es für mich, zumindestens zunächst, auch. Mit dem Willen zu kämpfen, die Fäden meines Lebens in der Hand zu halten bzw. sie wieder aufzunehmen, als alles zusammenzubrechen drohte, verfolgte und verfolge ich dieses Ziel.

So zieht sich die Frage nach einem humanen Leben, nach dem, was unser Leben trotzdem gelingen lassen könnte, mit der Frage nach unser aller Konzepten oder Vorstellungen von »gutem« und »normalem« Leben wie ein roter Faden durch alle meine Überlegungen.

Oft habe ich die Frage nach dem guten Leben mit der Frage nach Normalität verbunden, nicht zuletzt, weil wir ja mit der Geburt unseres behinderten Kindes erst einmal aus dieser herauskatapultiert zu sein schienen. Und meistens habe ich »gut« und »normal« dabei in Anführungszeichen gesetzt. Aus gutem Grund, denn: Was heißt eigentlich »gut und normal« leben?

Unser Vorverständnis – eine ganz normale Konstruktion

Ein Vorverständnis von einem guten und normalen Leben haben wir alle, aber oft geben wir uns nicht Rechenschaft darüber – oder erst dann, wenn plötzlich alles anders ist, als wir es uns vorgestellt haben. Und ich bin mir sicher: Entgegen den kritischen Einwänden von Wissenschaftlern beschränken sich unsere Vorstellungen von Lebensqualität keineswegs nur auf das Notwendigste. Natürlich wollen wir nicht unter Hunger und Durst leiden, nicht frieren und ein Dach über dem Kopf haben. Aber bestimmt wollen wir sehr viel mehr, vor allem gesund sein, einen möglichst hohen Bildungsabschluss, einen interessanten Beruf, eine möglichst gut bezahlte Stelle haben, die uns finanziell unabhängig macht und manche »Freiheiten« in der Freizeitgestaltung gestattet. Wir wünschen uns eine glückliche Partnerschaft und oft auch Kinder, die ebenfalls möglichst gesund sein sollen. Darüber hinaus verbinden wir mit einem guten Leben ein in vielerlei Hinsicht sorgloses Leben ohne Lasten, Abhängigkeiten, Unwägbarkeiten. Wenn und solange das alles mehr oder weniger der Fall ist, führen wir nicht nur ein gutes, sondern auch ein »ganz normales« Leben. Sobald dieses Leben aber durch irgendein schwerwiegendes Ereignis erschüttert wird, haben wir das Gefühl, plötzlich vom normalen Leben abgeschnitten zu sein und uns in einem Ausnahmezustand zu befinden.

Tatsache ist aber: Ein großer Teil der Menschen befindet sich in diesem »Ausnahmezustand«. So gelten etwa 10 % der Bevölkerung hierzulande als in irgendeiner Weise behindert; etwa ebenso viele waren Anfang dieses Jahrtausends noch erwerbslos (2008 noch knapp 8 %); dann gibt es ja viele, angeblich sogar viel zu viele Alte, außerdem Kranke jeden Alters, schließlich auch noch Menschen, die von Unfällen und Katastrophen betroffen sind oder gar Opfer von Gewalt wurden; auch sterben müssen wir alle einmal. Trotz all diesen ja eigentlich ganz normalen, weil alltäglichen Lebensumständen, halten wir hartnäckig an der Idee fest, der normale Mensch sei jung oder mindestens »jung geblieben«, gesund, sportlich, mobil, unabhängig, intelligent, leistungsfähig, erfolgreich, produktiv, dadurch wohlhabend, außerdem weißhäutig – und zu allem auch noch möglichst attraktiv und schön (im Sinne der jeweils von der Mode diktierten Schönheitsideale).

Dabei sind diese Vorstellungen von Normalität offensichtlich eine Konstruktion, die zwar den Erfordernissen der industrialisierten Leistungsgesellschaft entspricht, nicht aber den realen Gegebenheiten des Lebens. Und diese Konstruktion lässt sich ebenso offensichtlich schlecht oder gar nicht mit einem Leben mit Behinderung vereinbaren.

Von Behinderung betroffene Menschen werden dadurch allen Integrationsbemühungen zum Trotz ausgegrenzt und an den Rand der Gesellschaft gedrängt – genauso wie alle anderen Menschen, die dem vorherrschenden Bild des normalen, funktionstüchtigen Menschen nicht oder nicht mehr entsprechen. Und an den Rand der Gesellschaft gedrängt zu sein, bedeutet, darum kämpfen zu müssen, als Mensch anerkannt zu werden, dem die gleichen Chancen und Rechte und ein Leben in Würde zugebilligt werden wie allen anderen, die der »Normalität« mehr entsprechen – oder zu entsprechen scheinen.

Die menschliche Situation verbessern – ein Traum mit Geschichte

Dass unsere Vorstellungen von dem, was ein gutes und normales Leben ausmacht, sich an den Erfordernissen unserer industrialisierten, hochkomplexen Leistungsgesellschaft orientieren, ist uns meistens nicht bewusst, findet aber eine einhellige Bestätigung in der Literatur. (siehe z. B. Gröschke 2003, S. 183; List 2004, bes. S. 43f.)

Die Wurzeln dieses Weltbildes habe ich oben bei meinen Ausführungen über das so genannte medizinische Modell angedeutet. Sie liegen im 19. Jahrhundert und dem damals vor allem von den Naturwissenschaften genährten Fortschrittsglauben: Demnach sollte es gelingen, nicht nur die alltäglichen Lebensbedingungen von uns Menschen entscheidend verbessern zu können, sondern auch die »*conditio humana*« selbst, womöglich und falls nötig auch durch eugenische Selektion.

Conditio humana heißt wörtlich übersetzt »menschliche Bedingung«; unter diesem Begriff machen sich Philosophie, Theologie, Ethik und verwandte Wissenschaften Gedanken darüber, was unabdingbar zum menschlichen Leben gehört, was also Grundgegebenheiten des Menschseins sind, angefangen beim Körper und seinen spezifischen Fähigkeiten und Bedürfnissen, über den Willen und die Fähigkeit, diesen äußern zu können, bis hin zu Fragen von Abhängigkeit und Freiheit einschließlich der Möglichkeit, Böses oder Gutes zu tun. Zur *conditio humana* gehört Unabänderliches, wie unser aller Grenzen und unsere Sterblichkeit, sowie Variables, wie eine mehr oder weniger gute körperliche Verfassung, mehr oder weniger Stärken und Schwächen, eine chancenreiche oder weniger gute Lebenssituation. Und eigentlich wissen wir alle aus Erfahrung, dass zum menschlichen Leben als solchem – und nicht nur zum Leben mit Behinderung – auch Krankheit und Leiden gehört. Es gehört dazu, aber das heißt wiederum nicht, dass das Leben nur Leiden ist oder sein muss.

Das alles wissen wir aus eigener Erfahrung, aus unserer Lebensgeschichte – alle, mehr oder weniger bewusst. Trotzdem hält sich mehrheitlich die Vorstellung von einem normalen Leben als einem Leben ohne Leid und der Traum von einer leidensfreien Gesellschaft.

Als Theologin und an der Geschichte Interessierte mag ich diesen Traum keineswegs einfach verurteilen, ist doch das entschiedene Nein zu menschlichem Leid seit eh und je starker Beweggrund für großes, bewundernswertes sozialpolitisches, bürgerliches, religiöses, wissenschaftliches, privates … Engagement. Aber in mancher Hinsicht treibt dieser Traum auch Blüten, die weniger schön sind – insbesondere, wenn dadurch neues Leid verursacht wird.

Zu diesen Blüten wird von der Behindertenbewegung, ihr Nahestehenden, aber auch Menschen mit ganz anderen Motiven, die Hoffnung gezählt, mithilfe der Gentechnologie eines Tages grundlegender noch in das menschliche Erbgut eingreifen zu können. Dann würde nicht mehr nur, wie schon jetzt möglich, die Geburt einzelner Menschen mit drohender Behinderung oder bestimmten Krankheitsveranlagungen verhindert werden; durch gezielte Eingriffe sollen vielmehr Schwächen in der »menschlichen Situation« ausgemerzt und damit die Gesellschaft als solche »verbessert« werden.

Sicherlich wird es nicht immer leicht sein, hier die Spreu vom Weizen zu trennen – die heftigen Diskussionen um das, was die Gentechnologie kann und darf, bestätigen dies. Trotzdem wird man nicht umhinkommen zuzugeben, dass der

Traum des späten 19. Jahrhunderts, mithilfe der Biomedizin einen gesünderen, leistungsstarken »Volkskörper« zu erzeugen und die *conditio humana* als solche zu »verbessern«, in der modernen Gentechnologie neue Nahrung findet. Menschen nach Maß oder doch mindestens mit bestimmten Eigenschaften (z. B. weiblich – männlich, hörend – taub: einen konkreten Fall aus 2002 schildert Gröschke 2003, S. 186f.), Leidminderung in Form von frühzeitiger Krankheitsbekämpfung oder Verhinderung von Behinderung sind Verheißungen, die von der Biomedizin ausgehen und große Erwartungen wecken, die bis in die Politik hineinreichen. So zeigen geschichtliche Rückblicke (z. B. USA und Deutschland) und aktuelle internationale Vergleiche, dass an die Biomedizin nach wie vor Hoffnungen geknüpft sein können, die Leistungsfähigkeit der Menschen zu erhöhen und soziale Missstände durch Selektion zu verhindern: Sozial Schwache soll es dann möglichst nicht mehr oder in deutlich geringerer Anzahl geben. (Gröschke 2003) Die Tatsache, dass wir es mit einem stetig wachsenden Wirtschaftszweig zu tun haben, der Forschungsmöglichkeiten bietet, Arbeitsplätze schafft und bedeutende Umsätze macht, macht es der Politik nicht eben leichter, den verführerischen Verheißungen der Biomedizin zu widerstehen. (vgl. dazu z. B. Speck 2003, hier bes. 105–120)

Deutschland ist allerdings aufgrund seiner Geschichte bis jetzt eher zurückhaltend. Immerhin gelang es der Behindertenbewegung durchzusetzen, dass das Verbot, Menschen aufgrund ihrer Behinderung zu benachteiligen, 1994 ins Grundgesetz aufgenommen wurde. Nun zeigen zwar die anderen Diskriminierungsverbote im Grundgesetz (wie das Verbot, Menschen aufgrund ihrer Rasse, Religion oder ihres Geschlechts zu diskriminieren), dass damit die Benachteiligungsprobleme noch nicht aus der Welt geschafft sind, aber es wird immerhin eine Richtung vorgegeben und eine Appellationsinstanz geschaffen.

Gleichwohl wecken die Errungenschaften der internationalen Gentechnologie, ihr Wachstum, ihre Marktmacht auch hierzulande Ängste, insbesondere natürlich bei denen, die schon jetzt den Leistungsanforderungen nicht standhalten können. Kritikerinnen und Kritiker verweisen besorgt auf den Gesamtzusammenhang, in dem die Biomedizin sich ausbreitet und der, wie oben ausgeführt, so gerne ausgeblendet werden würde: die Leistungsgesellschaft mit ihren spezifischen Anforderungen in einer globalisierten Welt. Nach welchen Kriterien also wird »verbessernd« ins Erbgut eingegriffen? Nach ökonomischen? Anderen? Wer bestimmt das? Wer bestimmt, wie ein Mensch zu sein hat, um als Mitglied unserer Gesellschaft willkommen zu sein und Anerkennung zu finden? Haben Menschen, die von Behinderung betroffen sind, im entsprechenden Meinungsbildungsprozess eine Stimme? Und kann die erhoffte Verbesserung von Mensch und Gesellschaft überhaupt gelingen?

Zweifel sind angebracht: Trotz aller Fortschritte, die es noch geben mag, wird es kaum möglich sein, die *conditio humana* als solche grundlegend zu verändern. Selbst wenn die mit der modernen Biomedizin verbundenen Heilsversprechen von Leidvermeidung, gar Leidfreiheit angesichts der weitverbreiteten Vorstellungen von einem normalen Leben einen fruchtbaren Boden vorfinden sollten, werden wir doch Menschen bleiben, mit Schwächen und Grenzen, also verletzlich und endlich. Es wird weiterhin Kranke und Behinderte geben, zumal ja nur etwa 4 % der Behinderungen angeboren sind, alle anderen Behinderungen sind erworben, durch Geburt, Unfälle, Krankheiten, Kriege, eigenes Fehlverhalten …

Die Frage bleibt also, wie wir damit umgehen und woran wir uns orientieren wollen. Bleibt der perfekte, voll funktionierende Mensch das Maß aller Dinge oder gelingt es uns, in unsere Vorstellungen vom Leben auch das zu integrieren, was nicht perfekt ist, nicht rund läuft, keine Erfolgsgeschichte zu werden verspricht, was unseren Alltag unterbricht, unser Leben auf den Kopf stellt oder gar bedroht ... – kurz alles, was wir »normalerweise« gerne ausblenden?

Ist es normal, verschieden zu sein?

Die vorherrschenden Vorstellungen von einem guten und normalen Leben sind eine Konstruktion. Wir blenden darin nicht nur Bereiche und Erfahrungen aus, die zu jedem menschlichen Leben gehören; wir grenzen auch Menschen aus, die wir diesen Bereichen zurechnen und denen wir deshalb ein »unnormales« Leben unterstellen oder zuschreiben. Tatsächlich handelt es sich dabei um ziemlich viele Menschen, nicht nur, aber auch Behinderte. Ihre Kritik daran hat die Behindertenbewegung mit dem Slogan verbunden »Es ist normal, verschieden zu sein«. 1993 trug eine Tagung der Bundesarbeitsgemeinschaft »Hilfe für Behinderte« mit dem damaligen Bundespräsidenten Richard von Weizsäcker als Festredner diesen Titel. Die »Bundesvereinigung Lebenshilfe für Menschen mit geistiger Behinderung« griff diesen programmatischen Slogan ebenso auf wie Ethikerinnen und Ethiker, Religions- u. SonderpädagogInnen. (siehe z. B. Adam/Kollmann/Pithan 1994)

Der Slogan deutet auf einen Perspektivwechsel hin: Beansprucht wird damit Normalität auch für alle, die dem oben skizzierten Vorverständnis nicht entsprechen, gemäß der Erfahrung: Es gibt so viele Menschen, die anders sind und anders leben; also ist es ganz normal, anders zu sein, und jede und jeder hat ein Recht darauf mit Anderssein zu leben.

Normal meint hier nicht, mit möglichst viel Unterstützung an die vorherrschende Normalität angepasst zu werden, sondern formuliert ein Ideal: anerkannt zu sein, so, wie man/frau ist. Damit wird ein grundsätzlich anderes Verständnis von Normalität ausgedrückt, eines nämlich, das Menschen mit Behinderungen nicht mehr ausgrenzen muss, weil es die Verschiedenheit der Menschen und ihrer Lebensformen bejaht, diese Verschiedenheit als Reichtum und sinnvolle Grundlage menschlichen Zusammenlebens begrüßt – und in alldem dem realen Leben mehr entsprechen würde als die oben vorgestellte Konstruktion. Bildlich gesprochen verzichtet ein solches Normalitätsverständnis darauf, nach Maßstäben wie körperliche und geistige Verfassung, Alter und anderem mehr, eine normale Mitte zu bestimmen, von der die Einzelnen mehr oder weniger weit entfernt sind und deshalb auch mehr oder weniger als zur normalen Gesellschaft zugehörig anerkannt sind. Stattdessen wäre jede und jeder gleich »mittig« und könnte die vielfältige, bunt gemischte Gesellschaft, die wir ja sind, auf seine und ihre Weise repräsentieren.

Ob das gelingen kann? Ob sich eine Gesellschaft tatsächlich an einem solchen Ideal ausrichten kann? Dies fragen sich zunehmend Wissenschaftlerinnen und Wissenschaftler, die die Behindertenbewegung mit kritischer Sympathie begleiten, wie zum Beispiel die Sozialwissenschaftlerin Anne Waldschmidt:

»[...] ein Zweifel bleibt: Kann es tatsächlich gelingen, behinderte Menschen dauerhaft in der Mitte der Gesellschaft zu positionieren oder sind alle Integrationsbemühungen doch nur zeitweilig erfolgreich und damit letztlich zum Scheitern verurteilt? Diese Frage bildet den Gegenstand einer fachlichen Debatte, die sowohl in Soziologie und Heilpädagogik [...] geführt wird als auch in den Disability Studies, dem interdisziplinären Forschungsfeld, das aus der internationalen Behindertenbewegung heraus zuerst im angelsächsischen Raum entstanden ist und mittlerweile auch hierzulande Fuß gefasst hat.« (Waldschmidt 2005, S. 177)

Zweifel rühren her von Überlegungen, wie sich Normalität entwickelt und wie sie funktioniert, also bewirkt, dass die einen sich dazuzählen können und andere herausfallen. Sicher ist: Gesetze wie das Grundgesetz oder die Sozialgesetzgebung können »Punktnormen« setzen, mit denen eine gewisse Kontrolle ausgeübt und Abweichungen von diesen Normen bestraft werden. Eine solche Punktnorm ist zum Beispiel das Verbot, von Behinderung betroffene Menschen zu diskriminieren (wobei es immer noch eine Frage ist, was im konkreten Fall als diskriminierend aufgefasst wird und entsprechend geltend gemacht werden kann).

Aber damit kann das, was wir für normal halten, also das, was ich weiter oben »Bezugsnormen« nannte, bestenfalls beeinflusst, nicht aber hergestellt werden. Denn bei diesen Bezugsnormen handelt es sich um eine »Durchschnittsnormalität«: Was die *Mehrheit* macht, kann, will, ist das Normale – eine Art statistische Größe also, aufgrund derer die Menschen sich miteinander vergleichen können oder eben auch verglichen werden. Und die Mehrheit stellen die Menschen, die dem oben skizzierten Vorverständnis vom normalen Menschen am ehesten entsprechen, auch wenn sich bei uns die Gewichte aufgrund der Geburtenentwicklung etwas zu verschieben scheinen. Ich verweise nur auf das häufig fallende Stichwort »Überalterung unserer Gesellschaft«.

Nun stellen SozialwissenschaftlerInnen fest, dass es in den letzten Jahrzehnten zwar durchaus gelungen ist, starre Abgrenzungen zugunsten einer stärkeren Integration Behinderter aufzuweichen, so dass Normalität flexibler und weiter gefasst wurde, zum Beispiel jenseits der starren Grenze von gesund – krank des medizinischen Modells. Sie befürchten aber auch zunehmende Rückschläge, die es jetzt schon punktuell festzustellen gebe: »Angesichts der Finanz- und Legitimationskrise des Sozialstaates steht zu befürchten, dass künftig behinderte Menschen wieder verstärkt mit Ausgrenzungsbestrebungen konfrontiert werden.« (Waldschmidt 2005, S. 192)

Außerdem scheint die Integration der einen, nämlich der weniger Behinderten, womöglich zulasten von Schwerbehinderten zu gehen. Menschen mit hohem Pflege- und Assistenzbedarf werden dann erst recht ausgegrenzt, weil »schließlich auch die flexibelste Integration an eine Grenze stoße«. Dies jedenfalls sei eine weitverbreitete Meinung, sagt der Literaturwissenschaftler Jürgen Link, der sich als Normalitäts-Experte in der Behindertenbewegung einen Namen gemacht hat und übrigens diese Meinung nicht teilt. (Link 2004, S. 130–139)

Nur Meinung? Auch Politik und Praxis, behaupte ich nach meinen Erfahrungen. Insbesondere im Europäischen Jahr der Menschen mit Behinderungen 2003, das ich als solches nur begrüßen konnte, habe ich mir manchmal erstaunt die Augen gerieben: War hier auch von Menschen wie unserer Tochter die Rede? Kamen wir mit unseren Erfahrungen mit ihr hier überhaupt vor? Fragen, Eindrücke, die mich veranlassten, mich mit dem Thema Autonomie und Abhängigkeit zu beschäftigen, dem ich hier im Buch ein eigenes Kapitel widme.

Oft frage ich mich: Was würde denn passieren, wenn unser Normalitätsverständnis den realen Lebensverhältnissen angepasst wäre? Wenn all die vielen Erschütterungen, die das Leben mit sich bringt, keine Ausnahmesituationen mehr wären und betroffene Menschen nicht mehr ausgegrenzt werden würden? Wäre unsere Gesellschaft dann am Ende? Würde sie sich angesichts der Anforderungen in einer globlisierten Welt dann nicht mehr behaupten können? Zu komplexe Fragen, um ihnen hier nachgehen zu können, utopisch zudem, wenn wir die bisherigen Ausführungen über die Herstellung von Normalität ernst nehmen.

Angst vor dem fremden Anderen

Nach allem, was ich bisher ausgeführt habe, dürfte klar geworden sein: In einer Gesellschaft, die sich an den Wertmaßstäben einer Leistungsgesellschaft orientiert und zudem den Zwängen einer globalisierten Welt unterliegt, ist es nicht leicht, mit Behinderung normal und gut zu leben. Man kann hier von einer verdeckten oder auch subtilen Behindertenfeindlichkeit reden: Allein die Ausrichtung der Gesellschaft macht Menschen, die von Behinderung betroffen sind, schon das Leben schwer – ohne dass auch nur eine einzige ausdrücklich diskriminierende Bemerkung gefallen ist. »Sie werden nicht nur nicht gebraucht, sondern jede/r wäre froh, wenn es sie nicht mehr gäbe«, referiert die Psychologin Birgit Rommelspacher. (1999, S. 9) Kein Wunder also, dass Verheißungen der Biomedizin, Behinderungen verhindern zu können, auf fruchtbaren Boden fallen. Diese Wertmaßstäbe haben wir uns alle, meist unbewusst, zu eigen gemacht; das gilt auch für die Behinderten selbst, die es deshalb umso schwerer haben, ein Selbstbewusstsein zu entwickeln.

Zu dieser Art von verdeckter Behindertenfeindlichkeit

kommt eine andere, die ihre Ursache in einem uralten, aus der Menscheitsgeschichte kaum wegzudenkenden Problem hat: die Angst vor dem Fremden. Die Konfrontation mit dem »ganz anderen« hat zu allen Zeiten Irritationen und Ängste ausgelöst und zu Abspaltungen, Projektionen, Ausgrenzungen, auch Dämonisierungen geführt. Moderne Bürgerrechts- und Befreiungsbewegungen haben weltweit mit diesem Problem zu kämpfen, so jedes Engagement gegen Fremdenfeindlichkeit im engeren Sinn (Ausländerfeindlichkeit), die Bürgerrechtsbewegung gegen Rassismus, die Frauenbewegung gegen Sexismus und eben auch die Behinderungsbewegung.

Menschen mit Behinderung – oder auch mit chronischen oder akut schweren Krankheiten – zu begegnen, macht Angst oder kann Angst erregend sein, wird man doch hier mit den eigenen Grenzen, der Möglichkeit eigener körperlicher oder psychischer Beeinträchtigungen konfrontiert. Dazu kommt Unsicherheit: Wie soll ich mich verhalten? Kann und soll ich mein Gegenüber auf die Behinderung ansprechen – oder besser so tun, als gäbe es keine Unterschiede? Wie kann ich mit einem von geistiger Behinderung betroffenen Menschen kommunizieren? Welche Spielregeln im Umgang miteinander gelten hier? Um Angst und Unsicherheit zu vermeiden, geht man Situationen, in denen man mit diesen eigenen unangenehmen Gefühlen konfrontiert werden könnte, damit den Menschen, an die sie gebunden sind, lieber aus dem Weg.

Genährt werden diese Gefühle zusätzlich von Bildern, die plötzlich in uns auftauchen können, obwohl sie uralt sind und aus vormoderner Zeit stammen: Bilder, in denen die Abweichung von der Normalität mittels körperlicher Besonderheiten symbolisiert wird. Gekoppelt war dies an moralische Wertungen: Von dem Nicht-Normalen erwartete man sich in der Regel nichts Gutes; es signalisierte als solches bereits Böses. Und umgekehrt: Wo das Böse menschliche Züge trug, war es hässlich, entstellt, »verkrüppelt«. So hatte der Teufel einen Pferdefuß und einen Schwanz; Hexen werden bis heute mit langen Nasen und einem Buckel dargestellt. Von körperlichen Besonderheiten konnte man so auch auf dämonische Kräfte, mindestens aber eine mindere Seinsstufe schließen.

Zwar gibt es in unserer Geschichte auch Gegenbilder, wenn etwa Blinde oder Epileptiker als Seher und Propheten geachtet wurden, aber typischerweise wurden auch sie ausgegrenzt und lebten sozial isoliert, z. B. als Eremiten, abseits der »normalen« Gesellschaft. Ob Engel in die Reihe dieser Bilder gehören, die ja keine Füße haben, dafür aber Flügel, weiß ich nicht; jedenfalls gelten sie ja als – wenn auch nicht immer gerade bequeme – göttliche Boten und als solche ebenfalls als nicht von dieser Welt.

Was es mit diesen Bildern näherhin auf sich hat und welchen Einfluss sie zu verschiedenen Zeiten jeweils auf den Status und die Wahrnehmung behinderter Menschen hatten, ist noch wenig erforscht. (vgl. zum Ganzen Rommelspacher 1999, S. 7–33 u. Zaviršek, ebd.) Aber einige Nachwirkungen in unserer Sprache kennen wir alle: Der aufrechte Gang steht für moralische Integrität; ein aufrechter Mensch gilt auch als aufrichtig, als vorbildhaft »gut«. »Sitzenbleiben« dagegen ist für einen Schüler/eine Schülerin eine ziemlich peinliche Angelegenheit; »aussitzen« ein anderes Wort für »nichtstun«. Mobilität kennzeichnet den modernen Menschen; wer »unbeweglich« ist, ist zu faul oder nicht fähig zu denken oder nicht bereit, etwas Neues anzunehmen bzw. anzugehen. Und so weiter.

Eine lebenslange Aufgabe

Wie soll nun jemand angesichts all der beschriebenen Schwierigkeiten mit Behinderung gut und normal leben können? Es ist offensichtlich keine leichte, aber eine wichtige Aufgabe.

Für Betroffene ist es lebensnotwendig, ihre eigene Normalität zu bestimmen, für sich herauszufinden, was zu einem guten Leben gehört und ein entsprechendes Selbstwertgefühl zu entwikkeln. Wenn sie selbst nicht dazu in der Lage sind, müssen es andere für sie tun. Damit dies gelingt, ist es hilfreich, gewissermaßen »zweisprachig« oder, wie es der viel zitierte, spastisch gelähmte Autor Fredi Saal einmal ausdrückte, »ein gelernter Behinderter« zu werden (nach Rommelspacher 1999, S. 19): Von Behinderung direkt oder indirekt Betroffene müssen lernen, mit all den geschilderten Schwierigkeiten und Ängsten, Hindernissen und Gegenwinden umzugehen. Sie kennen nicht nur ihre eigene Welt, sondern auch die der Nicht-Behinderten. An deren Spielregeln müssen sie sich tagtäglich abarbeiten, um das Eigene zu behaupten. Wie sie sich in die Welt der mehrheitlichen Normalität einbringen, ist eine Frage von Fähigkeit und Mentalität,von jeweiligen Sozialzusammenhängen und Unterstützung, oder auch von Strategie und Politik. Die einen sind eher zurückhaltend und offenbaren ihre Besonderheiten nur in gleichsam homöopathischen Dosen; andere gehen massiv konfrontativ vor. Es gibt viele verschiedene Möglichkeiten, und in allen liegt auch eine Herausforderung und Chance: die Herausforderung, manches neu sehen zu lernen und die Chance, Prioritäten im Leben zu überdenken und gegebenenfalls neu zu bestimmen, so dass ein gutes Leben mit Behinderung möglich wird – für die Betroffenen selbst, aber auch eine größere Gemeinschaft, nicht zuletzt die Gesellschaft insgesamt. (vgl. Kap. 6)

Von Menschen, die mit Behinderung leben, können Nichtbetroffene Sehen lernen und vieles über das Leben im Allgemeinen und Besonderen erfahren. *Ein* Beispiel dafür ist die Frage, ob und inwiefern wir uns in einer Konstruktion von Normalität eingerichtet haben, die früher oder später ohnehin zusammenbrechen muss. Solche Erfahrungen kann man ausgrenzen oder zulassen, ihnen zumindestens nicht aus dem Weg gehen, wenn sie sich denn ergeben.

Ich sage das nicht mit erhobenem Zeigefinger, sondern aus eigener Erfahrung: Mein Vater war »kriegsbeschädigt« oder »kriegsversehrt«, so sehr, dass man ihm als jungen Mann nach dem Krieg zunächst kein Studium, keinen Beruf zutraute. Er musste darum kämpfen, Arzt werden zu können. Das wussten wir bereits als Kinder. Aber für uns war das eine Anekdote. Gewisse Rücksichtnahmen waren nötig und einige Einschränkungen familiärer Aktivitäten selbstverständlich. Aber niemals dachten wir deshalb an Behinderung. »Kriegsbeschädigte« galten allgemein nicht als »behindert«. Auch ein schwerer Verkehrsunfall von ihm mit nachhaltigen Folgen brachte das Thema nicht in unsere Familie. Die Normalität war stärker. Noch während meines Studiums und trotz einigem sozialen Engagement habe ich noch lange einen großen Bogen um die Welt der von Behinderung betroffenen Menschen gemacht ... bis unsere zweite Tochter zur Welt kam.

Da allerdings bin ich zur sprichwörtlichen Löwin geworden, die für ihr Kind, die Familie, sich selbst für ein gutes Leben kämpft und erkannte, dass ich mich nun nicht mehr um dieses »Thema« drücken konnte. Das Sehen-Lernen war hart – und ist es manchmal noch. Geblieben ist mir die Erinnerung an mein eigenes Nicht-Sehen-Können oder -Wollen und damit Verständnis dafür, dass es nicht leicht ist, mit unserer behinderten Tochter umzugehen und ihre wie unsere Normalität zu verstehen.

Aber die Aufgabe, miteinander zu leben und voneinander zu lernen, bleibt. Lernerfahrungen sind, wie wir hörten, nötig und möglich. Deshalb ist Integration statt Ausgrenzung allen Schwierigkeiten zum Trotz so wichtig. Die statistische Normalität der Mehrheit mag manchmal erdrückend sein; aber schließlich gab und gibt es auch viele andere hoffnungsvolle Ansätze und Bemühungen, die Erfolg hatten und haben in dem Sinn, dass sie das Zusammenleben von Menschen mit und ohne Behinderungen verbessern, erleichtern, »normalisieren«.

Ich habe in diesem Teil des Buches viele Schwierigkeiten aufgezeigt, aber in der Absicht, konstruktiv zu sein: Zusammenhänge aufzuzeigen und nachvollziehbar zu machen, warum wir als Eltern – oder Menschen mit Behinderung – auf manche Hindernisse stoßen, damit wir damit besser umgehen, ja sie möglichst überwinden können. Und um auch nicht direkt Betroffene zu sensibilieren und ihnen Brücken zu bauen, statt, hoffentlich, nicht noch mehr zu verunsichern. Die Kritik orientiert sich an einer (theologisch genährten und geschulten) Vision von einer anderen, gerechteren Welt – einer Welt, in der es normal ist, verschieden zu sein, so dass auch Menschen mit Behinderung nicht mehr so sehr darum kämpfen müssen, gut und normal leben zu können.

Man muss nicht Theologin sein, um eine solche Vision zu haben. Aber es ist gut, eine Vorstellung davon zu haben, was sein könnte, um dem, was ist, der reinen Faktizität nicht ausgeliefert zu sein. So formuliert der Slogan »Es ist normal, verschieden zu sein« zwar eine Utopie – etwas was noch nicht ist, jedenfalls nicht allgemein anerkannt ist –, aber angesichts der

Normalitätsmechanismen, die ich in diesem Teil beschrieben habe, eine wichtige. In diesem Sinne schloss denn auch der damalige Bundespräsident Richard von Weizsäcker 1993 seine Ansprache auf dem genannten Kongress mit den Worten:

»Worte und Bilder bestimmen unser Denken. Manchmal geben sie Hoffnung. Entscheidend ist, dass sie uns helfen zu lernen. Was wir zu lernen haben, ist so schwer und doch so einfach und klar: Es ist normal, verschieden zu sein.«

TEIL 2

Grenzerfahrungen

Wenn der »Ausnahmezustand« zur Regel wird. Vorbemerkungen

Mit einem schwerbehinderten Kind wie unserer Tochter zu leben, bedeutet, sich häufig an der Grenze zur »Normalität« oder auch jenseits davon zu bewegen. Tatsächlich befanden wir uns einige Jahre mehr oder weniger in einem »Ausnahmezustand«, der allmählich zu unserer Normalität wurde. Dabei sind wir ebenso häufig an unsere eigenen Grenzen gestoßen und mussten wohl oder übel lernen, damit umzugehen.

Hier darüber zu berichten, mag möglicherweise Wasser auf die Mühlen derer gießen, die denken oder sagen, »das muss doch nicht sein«. Nun, in Einzelfällen mag das zutreffen; zu einem geringen Prozentsatz, wie wir sahen, mag ein solches Leben mittels Pränataldiagnostik verhinderbar sein. Aber unverhofft kommt eben oft. Ich kann und will nicht beurteilen, ob und inwiefern meine Erfahrungen insgesamt verallgemeinerbar sind, aber ich gehe davon aus, dass viele Menschen, und zwar nicht nur von Behinderung betroffene Menschen, an die eine oder andere Erfahrung anknüpfen können.

Zudem möchte ich aufrichtig sein: Es geht in diesem Buch ja nicht um eine Verharmlosung oder gar Verherrlichung des Lebens mit Behinderung, sondern um eine andere Perspektive – oder auch nur Bewältigungsversuche. Es ist zugleich ein Plädoyer dafür anzuerkennen, was zum Leben dazugehört, und ein Versuch, einige normalerweise ausgeblendeten, gar tabuisierten Seiten des Lebens so zu thematisieren, dass am Ende das Vorurteil »ach wie schrecklich« im Sinne von »*nur* schrecklich und erschreckend« nicht allzu viel Nahrung erhält.

Wahr ist ja, vieles war schrecklich – und ist es manchmal noch. Wahr ist aber auch, vieles ist besser geworden. Unser

Leben hat sich mit dem Gesundheitszustand unserer behinderten Tochter stabilisiert. Das war allerdings nicht zu erwarten, darauf konnten wir nur allen Prognosen zum Trotz hoffen. Dass unsere Hoffnung ein Stück weit wahr wurde, erfüllt uns mit unendlicher Freude und täglicher Dankbarkeit. Aber die vergangenen Jahre haben uns geprägt. Eine Rückkehr in eine andere als unsere von der Mehrheits-Normalität abweichende Realität ist nicht mehr möglich und für uns auch nicht erstrebenswert. (Anderen Eltern, selbst solchen, deren Kind gestorben ist, geht es übrigens ebenso.)

Immerhin kann ich mir die Zeit nehmen, dieses Buch zu schreiben. Das war vor wenigen Jahren noch undenkbar. Das heißt aber auch: Ich schreibe einiges mit einer gewissen Distanz, nämlich in der Hoffnung, manches wirklich hinter mir zu haben und zumindest vorerst nicht noch einmal erleben zu müssen. Das betrifft natürlich vor allem das folgende Kapitel. Zugleich ist dieser zweite Teil der mit der geringsten Distanz, insofern ich überwiegend von meinen Erfahrungen und meinen oder unseren »Überlebensstrategien« in schwierigen Zeiten berichte, aber eben in der schon erwähnten Überzeugung, dass sie einen gewissen – und ermutigenden – Wiedererkennungswert für andere haben mögen. Außerdem hoffe ich, hier im Sinne einer »narrativen Ethik«, auf erzählende Weise Einblicke in einige Sinnzusammenhänge und Sachverhalte zu geben, die mit den Mitteln des Verstandes allein nicht angemessen dargestellt und erfasst werden können. (vgl. dazu Lesch 2004; Haker 2005)

4. Lebensgefahr – eine ständige Begleiterin

Vom Kampf ums Überleben

Schlechte Prognose von Anfang an

Die Pränataldiagnostik hatte einen unklaren Befund zutage gebracht, der zunächst alle Möglichkeiten offenließ. Doch während des langen Klinikaufenthaltes vor der Entbindung verdichteten sich Vorwissen und Vorahnung: Mein Leben würde anders verlaufen als geplant. Nun war ich froh, dank Pränataldiagnostik vorgewarnt zu sein. So konnte ich wenigstens versuchen, mich irgendwie darauf vorzubereiten. Mochte das Kind auch behindert sein – nur leben sollte es! Aber selbst das war von Anfang an nicht selbstverständlich.

Das Entbindungsteam hatte größte Mühe mit ihr. Aber damit war der Kampf nicht gewonnen. Unser Kind hatte nach Einschätzung verschiedener Ärzte kaum eine Überlebenschance. Ein Arzt versuchte, mir nach den ersten Wochen reinen Wein einzuschenken und riet, nicht zu viel in sie zu investieren, denn »das wird eh nichts mehr«. Eine Perspektive, die mich damals ob ihrer Lieblosigkeit erzürnte. Dann würde ich, würden wir die verbleibende Zeit eben erst recht nutzen. Insofern muss ich diesem Arzt dankbar sein. Es gab andere, die einfühlsamer waren und mich nebenbei zu verstehen lehrten, wie schwierig ihr Beruf sein kann. Ihre Pflicht und mehr als das taten wahrscheinlich alle. Schließlich war es auch jetzt nach der Geburt (wie bis heute) nicht möglich, eine klare Diagnose zu stellen, die handlungsleitend hätte sein können. Es gab nur – und immer wieder neue – Symptome. »Ihr Kind gibt uns

Rätsel auf«, sagte eines Tages unser sehr geschätzter Kinderarzt.

Dass unsere Tochter schwerbehindert sein könnte, auch geistig behindert, erfuhr ich, wenn ich mich recht erinnere, in einem ersten Entlassungsgespräch nach zwei Monaten. Ich habe das nicht als Bestätigung von etwas gehört, was ich wissen konnte. Bockig dachte ich, warten wir es ab! Wenn wir nur erst hier herauskommen. Im Nachhinein kann ich nur festhalten: eine klare Strategie des Nicht-sehen- oder Nicht-wahrhaben-Wollens.

Nach zwei Tagen waren wir wieder da. Eine erste Notoperation war fällig, aber bis das klar war, vergingen noch ein paar Tage, in denen mein Kind wieder, offenbar vor Schmerzen, fast ununterbrochen schrie – und sich damit ziemlich unbeliebt machte. Um dieses »Schreikind« machten von den jungen Schwestern die meisten gern einen Bogen.

Zwei weitere Monate Klinik folgten – bis uns eine erste Verschnaufpause gegönnt war. Wenn man das denn so nennen konnte. Immerhin waren wir mal zu Hause. Und die Hoffnung stirbt zuletzt. Aber die 24-Stunden-Pflege, jetzt in Alleinverantwortung, hielt uns in Atem. Hinzu kam, dass wir x-mal bei Tag und Nacht, an Werk-, Sonn- und Feiertagen in die glücklicherweise nahe gelegene Klinik fahren mussten, ambulant, häufig nur zum Sondenlegen, weil unser Winzling es dauernd schaffte, dieses offenbar störende, aber bei ihr schwer zu legende Ding loszuwerden. Nein, auf eine Hilfe hatten wir keinen Anspruch. Schließlich braucht jeder Säugling eine Rund-um-die-Uhr-Pflege. So ging es weiter, über Wochen, Monate, Jahre, mal in der Klinik, mal zu Hause, in wechselnden Intervallen und meist kurzen Abständen.

»Ihr Kind ist unvollständig inkarniert«, meinte der Chefarzt einer anderen Klinik, als unsere Tochter vielleicht ein halbes

Jahr alt war – für uns ein Denkbild. »Sie ist nicht entschlossen zu leben«, bestätigte unser Kinderarzt. Und nach etwa zehn Jahren treuer Begleitung verriet er: »Jedes Mal, wenn Sie zu mir kamen, hatte ich das Gefühl über Leben und Tod entscheiden zu müssen.« Er fügte hinzu: »Ihre Kraft hat Ihre Tochter am Leben gehalten.« Wirklich? Kann man das wissen und so sagen? Ich habe Mütter erlebt, die sich genauso bemühten wie ich – und doch erleben mussten, dass ihre Kinder starben. Trotzdem tat der Satz gut, hatte er doch seinen Ort in einer gewachsenen Beziehung, in der es möglich war, über unser Kind und unser Leben mit ihr nicht nur unter medizinischen Aspekten zu sprechen. Mit der Zeit traten auch andere Fachkräfte in unser Leben, die dafür ein Ohr hatten. Das war wichtig, weil sich dadurch andere Betrachtungsweisen und neue Handlungsmöglichkeiten erschlossen.

Schließlich bestätigte noch ein erster Forschungsbericht das »hohe Risiko [unserer Tochter], im Kindesalter zu sterben«. Zu der Zeit, als er erstellt und uns übergeben wurde, war sie bereits 10 ½ Jahre alt und saß munter bei uns. Das erleichterte die Aufnahme der nicht gerade erfreulichen Botschaft.

Überlebensstrategien am Anfang

Wie hält man es aus, über Jahre so zu leben? Eigentlich möchte ich sagen: Ich weiß es nicht. Oft frage ich mich selbst, wie ich, wie wir das ausgehalten haben. Aber ich will mich bemühen, etwas näher hinzusehen, um ein paar Mosaiksteine zu sammeln, die vielleicht ein Bild ergeben.

Es fängt mit sprichwörtlichen Sätzen an wie: »Man hält mehr aus, als man denkt.« Oder: »Der Mensch wächst mit seinen Aufgaben.« Tatsächlich. Erst funktioniert man einfach nur, tut fast maschinell das Notwendigste; dabei lernt man ungewohnte Pflegetätigkeiten auszuüben, schult vor allem den Blick, manchmal auch nur das Bauchgefühl: Diese Krise kann ich selbst in den Griff bekommen; jetzt sollten wir sie schleunigst in die Klinik bringen.

Wichtig war, mir immer wieder klarzumachen: Im Vergleich zu dem, was unsere kleine tapfere Kämpferin auszuhalten hatte, war unser Part relativ gering. Wenn wir wenigstens etwas tun konnten, um sie zu unterstützen und zu begleiten, sollten wir das tun.

Manchmal waren es einfache Sätze, die uns anspornten. Als wir hörten, sie sei »unvollständig inkarniert« und »nicht entschlossen zu leben«, sagten wir uns, »dann versuchen wir, sie zu ›erden‹ und ihren Entschluss zu stärken«, indem wir sie halten, begleiten, in die Familie einbetten und ihr zeigen, wie wichtig sie uns ist. Oder auch, indem wir versuchen, sie ganz vorsichtig an die schönen Seiten des Lebens heranzuführen. Gutes Essen zum Beispiel, denn die Ernährung war ob ihrer Schwierigkeiten, Nahrung aufzunehmen und zu behalten, ein großes Thema. »Essen ist Beziehung zur Welt«, hatte ein Arzt gesagt. Hieß das, wer nicht isst oder Probleme damit hat, hat auch eine gestörte Beziehung zur Welt? In unserem Fall war das wohl so gemeint. Dennoch warne ich davor, aus solchen Sätzen allzu viele Schlüsse zu ziehen, sie gar verallgemeinern zu wollen. Deshalb spreche ich lieber von »Denkbildern«, die einem ermöglichen, Dinge in Betracht zu ziehen, an die man sonst nicht denken würde, undogmatisch, ungeniert, aber möglichst auch (selbst-)kritisch.

Im Kampf ums Überleben ist es nicht immer leicht, ein kritisches Bewusstsein aufrechtzuerhalten. Man wird mit tausend Ratschlägen zugeschüttet, erbetenen und ungefragten. Das geht auch anderen Eltern so. Die reichen von schulmedizinischen

Methoden bis zu esoterischen Verfahren, von Tipps, welche Ärztin und welcher Therapeut in welcher (noch so weit entfernten) Klinik der oder die beste in diesem Fall ist, bis zu gut gemeinten Aufforderungen, allmählich auch mal an sich selbst zu denken und dies oder das in diesem Sinne zu tun. Es ist ein Dschungel, in dem man in Versuchung gerät, nach jedem Ästchen, nach jedem Strohhalm zu greifen, weil man sich nicht vorwerfen möchte, irgendetwas unversucht gelassen zu haben, was womöglich, auch wider Erwarten, doch helfen könnte.

Auch ich habe nach dem einen oder anderen Strohhalm gegriffen. So sehe ich mich noch eines Tages mit meiner Tochter im Arm gegen ärztlichen Rat in ein Taxi steigen, um von der einen in eine andere Klinik zu fahren. Es war der verzweifelte Versuch, jenseits der Schulmedizin Hilfe an einem Ort zu finden, den ich allerdings aus anderer Erfahrung gut kannte. Vergeblich. Oder ich wandte mich – auf ärztliche Empfehlung hin – an einen Physiotherapeuten (mit Kassenzulassung!), der eine besondere Therapie anscheinend erfolgreich anbieten sollte. Beim zweiten Termin brach er die »Behandlung« plötzlich ab, weil unsere Tochter »ihn nicht in ihre Aura« ließe. Er beeilte sich, uns zur Tür rauszuschieben – als würde das Kind mit seiner Aura seine Räume vergiften.

Erste Einsichten und Orientierungspunkte

Im Dschungel von Gefühlen, Ratschlägen und Versuchen, mit den alltäglichen Anforderungen irgendwie zurechtzukommen, kann man leicht die Orientierung verlieren. Man funktioniert nur noch, mehr oder weniger gut, kommt nicht mehr zum Nachdenken. Da ist es gut und not-wendend, wenn man sich an irgendetwas festhalten kann – und seien es Bruchstücke oder Denkbilder, die einem aufgrund der eigenen Vergangenheit zur Verfügung stehen oder von Menschen, die um die Bedeutung solcher Anhaltspunkte wissen, an die Hand gegeben werden.

Für mich stand und steht fest: Innerlich einigermaßen gut sortiert zu sein, das ist eine entscheidende Kraftquelle. Deshalb gehörte es von Anfang an zu meinen Strategien, daran zu arbeiten. Ich bin Theologin und hatte als solche gute Voraussetzungen. Das bewahrte und bewahrt mich allerdings nicht vor Krisen, Zweifeln, Verzweiflung, Erschütterungen – wie alle anderen auch. Immerhin verfügte ich über ein Wissen, auf das ich mich beziehen konnte. Von systematischen Überlegungen konnte nicht die Rede sein. Dazu war mein Alltag viel zu schlaf- und atemlos. Aber in Form von Bruchstücken tauchte das ein oder andere, manches Mal unerwartet, auf und funktionierte wie Mantras: Ritualformeln, die einem zur Meditation aufgegeben werden, hier, wie um etwas Licht in verzweifelte Situationen zu bringen.

Die Liebe ist langmütig

»Du wirst dieses Kind lieben, egal, wie es ist, einfach weil es dein Kind ist« hatte, wie eingangs bereits zitiert, eine treue Begleiterin in der Schwangerschaft zu mir gesagt. Wie wahr. Wir liebten und lieben unsere Tochter mit jeder Faser ihres Seins. Die ständige Sorge um sie und die damit verbundenen Verlustängste machen uns nur bewusster, wie sehr wir an ihr hängen und wie kostbar sie uns ist. Verstehen andere das nicht? Können sie sich nicht vorstellen, dass es einfach so ist? Wir werden es müde und weigern uns irgendwann, das erklären zu sollen.

Wir lieben sie, obwohl sie es uns scheinbar nicht leicht macht. Lange Zeit scheint sie kaum zu registrieren, dass wir uns um sie kümmern. Sie weicht jedem Blickkontakt aus, sucht keine Nähe, hasst zeitweise Berührungen; wenn wir sie auf den Arm nehmen, scheint sie mit ihrer ganzen Körperhaltung zu sagen: »Ich bin gar nicht da«. »Hochgradig autistisch« hieß es am Anfang, später ist dann von »autistischen Zügen« die Rede. Mag sein. Die Diagnose traf mich wie eine Keule und erschreckte mich zutiefst. Die Worte hörte ich wohl, aber ich versuchte nicht einmal, nachzufragen und die Bedeutung zu ergründen. Das wundert mich heute. Ich begnügte mich mit meinem mehr als bescheidenen Vorwissen, das sich überwiegend dem grandiosen Film »Rain Man« (mit Dustin Hofmann als Autisten in der Hauptrolle) verdankt.

Ich war bockig. Vielleicht war sie ja nur hochgradig hospitalisiert? Grund genug hatte sie ja schließlich dazu. Man versetze sich mal in ihre Lage: raus aus dem Bauch, hinein in die (absolut lebensnotwendige) Intensivmedizin. Später waren es dann die Notaufnahmen auf der Normalstation, die traumatisierend waren. Zu viele Berührungen also waren mit Schmerz verbunden und mit der Erfahrung, gegen allen Widerstand festgehalten zu werden, damit ein medizinischer Eingriff möglich wurde. Das wiederholte sich oft täglich und konnte Stunden dauern. Niemand konnte etwas daran ändern – es sei denn, eine oder einer der wenigen Spezialisten war verfügbar, die es meist auf Anhieb schafften, in die schlechten Venen einen lebensrettenden Zugang für einen Tropf zu legen. Ich war dabei, hielt mit fest – und dachte an Folter. Wie wäre es für mich, an einen Ort gebracht zu werden, an dem ich mich mit niemandem verständigen konnte, an dem ich nicht wusste, was mit mir passieren würde und an dem ich dann festgehalten werden würde, um Schmerz zugefügt zu bekommen? War es richtig, immer wieder beteiligt zu sein? Zerstörte ich nicht die Möglichkeit, ein Hort zu sein, an dem ihr nichts »Böses« widerfährt? Ich wusste es nicht – und weiß bis heute darauf keine Antwort.

Ich wollte sie nicht im Stich lassen; ich wollte ihr das Gefühl geben, ich bin bei dir, ich lasse dich nicht allein, ich versuche, dir beizustehen. Auch mein Mann entschied so, wenn es ihn traf. Immerhin konnte ich später, auf Station, erreichen, dass sie niemals in ihrem Zimmer »gestochen« wurde, damit sie wenigstens lernen konnte, sobald sie das Arztzimmer verlassen hat, droht kein Unheil mehr. (Blutabnahmen zur Kontrolle fanden üblicherweise morgens im Zimmer statt.)

Und wir blieben abwechselnd bei ihr, anfangs von morgens bis in die Nacht; später, auf anderen Stationen, als das möglich war, blieb ich auch über Nacht. So wie viele andere Mütter auch. Ich komme noch darauf zurück.

Ob wir jeweils erreichen würden, dass sie so etwas wie ein Grund- oder Urvertrauen entwickeln konnte? Es gab einen bemerkenswerten Oberarzt, mit dem wir über so etwas sprechen konnten (wundert mich noch heute bei seinem Pensum). Er meinte ja; ich zweifelte. Auf jeden Fall würden wir nichts unversucht lassen. Mochte sie autistisch oder hospitalisiert sein, sie war ein Kind, das als solches ganz normale Grundbedürfnisse hatte – unterstellten wir zumindest, wohl wissend, dass Körperkontakt (anfangs) nicht dazugehörte. Das respektierten wir, soweit das möglich war.

Dass unsere Nähe ihr etwas bedeutete, lernten wir in harter Schule. Einmal erwischten wir alle gleichzeitig denselben Virus (auf einer Intensivstation, die ebenfalls davon heimgesucht wurde). Hochfiebernd konnten wir das Bett nicht verlassen und also unsere Tochter in der Klinik nicht besuchen. Fünf Tage später war sie kaum wiederzuerkennen. Fast alle Haare hatte sie sich ausgerissen, mit irrem Blick lag sie da und blieb für Wochen praktisch unberührbar.

»Behinderte Kinder sind Schmusekinder« hatte uns anfangs mal jemand zum Trost gesagt. Das traf in unserem Fall in den ersten Jahren also nicht zu. Zum »Knuddeln« fanden wir sie trotzdem, aber das mochte sie eben nicht besonders, höchstens, und das war immerhin bemerkenswert, bei ihrer Schwester.

So durften wir uns täglich in dem üben, was wir längst wussten und gut in einem, gerne bei Trauungen verlesenen biblischen Text zusammengefasst ist: »Die Liebe ist langmütig ...« (1 Kor 13,4) Liebe ist nicht einfach ein gutes Gefühl. Lieben heißt Aushalten und Durchhalten lernen. Standhalten. »Nicht das Eigene suchen.« Selbsterziehung. Selbstdisziplin üben. Mit der eigenen Verzweiflung umgehen lernen. Eine überlebensnotwendige Symbiose akzeptieren – und doch nicht aufgeben, Entwicklungsmöglichkeiten wie auch eigene Freiräume zu suchen und zu nutzen. Dieses Kind lieben heißt, den Versuch zu wagen, allen Widrigkeiten zum Trotz so etwas wie Ur- und Grundvertrauen zu vermitteln.

Auch die meisten anderen in unserer Familie blieben davon nicht unberührt. »Du wirst dieses Kind lieben, einfach weil es deine Schwester, dein Enkelkind, deine Nichte, deine Cousine ... ist«, können wir für uns erweitern. Und auch in unserem unmittelbaren Umfeld erfuhr und erfährt sie, wenn nicht Liebe, so doch Achtung und Toleranz. Aus der Erzählung von anderen Müttern weiß ich, dass das, leider, nicht selbstverständlich ist. Wir sind umso dankbarer dafür. Es zeigt immerhin, dass dies möglich ist.

Mit einigen wenigen Erfahrungen anderer Art können wir gut leben. Auf den Kontakt zu jenen Menschen, für die wir mit behindertem Kind offenbar nicht mehr »salonfähig« sind, können wir verzichten. Da trennt sich eben, subjektiv gesehen, die Spreu vom Weizen. Auch mit der Geburt eines ersten »normalen« Kindes verändert sich ja oft der Kreis der Menschen, mit denen man mehr oder weniger viel zu tun hat. Einige alte Kontakte brechen weg, dafür kommen neue hinzu. Wir haben gerade dank unserer zweiten Tochter viele wunderbare Menschen neu oder besser kennen gelernt.

Gratwanderung zwischen Macht und Ohnmacht

Wie die zu Beginn des Buches geschilderte Szene zeigt, hat sich unsere Situation im Laufe der Jahre erheblich verändert, ja verbessert. Lag es an uns? War es wirklich meine oder unsere Kraft, die sie am Leben gehalten hat, wie unser Kinderarzt es ausgedrückt hatte? Immer mal wieder hören wir solche Sätze auch von anderen. Ich nehme sie dankbar an als Anerkennung für eine Arbeit, für die es sonst nicht eben viel Anerkennung gibt. Gleichwohl frage ich: Wie soll man das sicher sagen und beurteilen können? Bin ich Herrin über Leben und Tod?

Wir haben uns für sie eingesetzt, sie begleitet, unermüdlich, Tag und Nacht – das ist wohl wahr. Und sobald sie gewährt wurde und wir es uns leisten konnten, haben wir häusliche Pflegehilfe in Anspruch genommen, dabei allerdings für große Kontinuität (nach Möglichkeit jeweils über Jahre dieselbe Person oder dieselben Personen) gesorgt: Das waren (und sind) immerhin ein paar Stunden Entlastung in der Woche. Nach unserem Verständnis haben wir mit unserem Einsatz nur unsere Pflicht getan, so gut wir konnten, soweit es uns unsere Möglichkeiten erlaubten. Was hätten wir auch anderes tun sollen? Sie vorzeitig »loslassen«?

Als unsere behinderte Tochter vielleicht 5 oder 6 Jahre alt war, wurde ich plötzlich von verschiedenen Seiten darauf angesprochen, dass ich lernen müsse loszulassen. Man kennt sich in der Provinz. Es ging um Kurzzeitpflege, Fremdbetreuung, Freizeiten und Ähnlichem mehr. Ich verhehle nicht, dass ich mich nur mit einem gewissen Zorn daran erinnere. Loslassen und Festhalten ist sicher kein unwichtiges Thema (z. B. in der Psychologie und Pädagogik), aber auch ein Thema, das sich zum Gängeln von Müttern eignet. Verkürzt gesagt, ist je nach Arbeitsmarktlage und »Mode« mal mehr das eine, mal mehr das andere angesagt. Damit habe ich mich schon Jahre vor der Geburt unseres behinderten Kindes auseinandergesetzt. Ich will hier nicht näher auf die Fachdiskussion eingehen.

Hier, im Zusammenhang von Macht und Ohnmacht geht es mir um etwas anderes: Warum sollte ich ein Kind »loslassen«, das noch kaum in der Lage war »festzuhalten«, also Beziehungen aufzubauen, die ihm innere Sicherheit und Halt verschaffen? Warum sollten wir unserer behinderten Tochter trotz Entwicklungsrückstand *mehr* zumuten als ihrer Schwester im gleichen Alter? Die haben wir ja auch nicht einfach ihr fremden Leuten zur Betreuung überlassen, nicht einmal, als sie reden konnte. Vielmehr haben wir immer darauf geachtet, dass sie sich sicher und wohl bei einem »Babysitter« oder einer außerhäuslichen Aktivität fühlt. Warum mit einem behinderten Kind anders verfahren? Die Antwort konnte nur heißen: zur Entlastung der anderen Familienmitglieder. Ein nachvollziehbares Argument. Aber man muss dann auch bereit sein, den Preis dafür zu zahlen. Damit ist nicht Geld gemeint, sondern die Bereitschaft, eventuelle Folgen in Kauf zu nehmen. Uns schien der Preis in diesem Sinne angesichts unserer Erfahrungen zu hoch. Auch wollten wir auf keinen Fall riskieren, mühsam aufgebautes Vertrauen in die Verlässlichkeit der Sorge für sie womöglich zu erschüttern.

Nichtsdestotrotz bat ich, leicht irritiert und genervt, eines Tages unseren Kinderarzt in dieser Sache um eine offene und kritische Stellungnahme. Unterschätzte ich die Möglichkeiten unserer Tochter? Hielt ich, hielten wir sie zu sehr fest? Er schlug die Hände über dem Kopf zusammen: »Um Himmels willen, machen Sie bloß keine Experimente mit ihr! Wenn Sie sie loslassen, wird sie das Leben loslassen!« Nein, der Mann war und ist nicht der Meinung, Mütter gehörten am besten ins Haus und Kinder möglichst viel zu den Müttern; und er hatte stets auch das Wohl des anderen Kindes sowie das der Eltern im Blick. Da er immer mal wieder als Notarzt zu uns nach Hause kam, hatte er mehr Gelegenheit als üblich, diesen Blick zu schulen. Hier ging es um das Abwägen von Macht und Ohnmacht: Wenn es die Möglichkeit gab, stabilisierenden Einfluss auf den Zustand unserer Tochter zu nehmen, sollten wir diese wahrnehmen und Risiken scheuen, die sich aus der Inanspruchnahme von allgemeinen Entlastungsangeboten wie einer Kurzzeitpflege ergeben könnten.

Unsere Tochter war zu dieser Zeit nicht »über den Berg«. Noch einmal erkrankte sie so schwer, dass sie über Wochen in Lebensgefahr schwebte. Ärztliche Kunst und das ungeheure Glück, dass zur richtigen Zeit die richtigen Fachleute zur Stelle waren, retteten ihr Leben. Wir konnten nur, wie schon gewohnt, von unserer Seite alles versuchen, um ihre Durchhaltekraft zu stärken – eine unerhörte Anstrengung. Mehr denn je schwankte ich zwischen dem Wunsch, sie begleiten und dadurch halten zu können, dem Gefühl, alles mir Mögliche tun zu müssen – und Gefühlen radikaler Ohnmacht. Inmitten dieser Situation fand ich eines Tages Ruhe und Entlastung bei dem Gedanken, der mir zur ganz praktischen Gewissheit wurde: Es liegt nicht alles in meiner Hand (oder der der Ärztinnen und Ärzte). Wenn alles, wirklich alles getan ist, was menschenmöglich ist, und doch das Leben am seidenen Faden hängt, dann allerdings können und müssen wir loslassen. Die Letztentscheidung über das Leben unseres Kindes gehört einer anderen Wirklichkeit an.

»Morgen früh, wenn Gott will, wirst du wieder geweckt«

So lautet ein Vers in dem berühmten Schlaflied von Brahms »Guten Abend! Gute Nacht!« (Text der 1. Strophe von 1808) Oft habe ich dieses Lied – wie viele andere Schlaf- und Taglieder – am Bett unserer Tochter gesungen. Am Anfang, am Beginn ihres Lebens war es ein Stück Hilf- und Alternativlosigkeit. Ich konnte sie ja nicht auf den Arm nehmen und auch kaum berühren; also sang ich, leise, eindringlich, manchmal stundenlang. Das gefiel ihr, ganz offensichtlich. Damit konnte man sie oft beruhigen, mindestens ihre Aufmerksamkeit erregen und eine Verbindung zu ihr herstellen. Und das blieb auch so. Gesang erfreut sie bis heute; und Musik ist zu einem großen, wichtigen Teil ihres Lebens geworden.

Auf die Texte der Lieder, die ich für sie sang, achtete ich anfangs überhaupt nicht. Ich war froh, wenn mir noch etwas einfiel. Einmal durchbrach eine Mutter, die ganz in der Nähe neben ihrem Frühchen (so werden die vorzeitig geborenen Kinder genannt) stand, meine Bewusstlosigkeit: »Dieses Lied musst du mir beibringen; es passt so gut hierher.« Ich musste erst einmal nachdenken. Wie lautete der Text, den ich gerade gesungen hatte? »Weißt du wie viel Sternlein stehen an dem blauen Himmelszelt? Weißt du wie viel Wolken ziehen weithin über alle Welt? Gott der Herr hat sie gezählet, dass ihm auch nicht eines fehle an der ganzen großen Schar ...« In der dritten Strophe heißt es »Weißt du wie viel Kinder frühe steh'n aus ihrem

Bette auf? Dass sie ohne Sorg' und Mühe fröhlich sind im Tageslauf? Gott im Himmel hat an allen ihre Lust, ihr Wohlgefallen, kennt auch dich und hat dich lieb.« (Text von 1837) Es war erstaunlich: Neben mir stand eine Kollegin, die sich anschickte, Theologieprofessorin zu werden. Und plötzlich begegneten wir uns, an den Brutkästen unserer Winzlinge, auf einer Sprachebene, die eher dem Kinderglauben angehört, und wurden des tieferen Sinns dieses Liedes gewahr. Bei all den Fragen, die uns am Bett unserer Kinder umtrieben, war doch dies gewiss: Sie waren gewollt und aufgehoben in einem großen Ganzen; und sie waren geliebt.

Von da an achtete ich mehr auf die Inhalte. Manchmal textete ich auch um (wie oben schon enthalten). Oft funktionierten nun die Lieder wie Mantras (Ritualformeln zur Meditation), da ich sie ja immer wieder und wieder sang, über Tage, Wochen, Monate, Jahre. So wurde mir bewusst, dass einige alte Lieder wie selbstverständlich an die Sterblichkeit, an die letztliche Unverfügbarkeit unser aller Leben, aber auch das Aufgehoben-Sein in einer anderen Wirklichkeit erinnern. »Morgen früh, wenn Gott will, wirst du wieder geweckt.« Ich fühle mich mit den Menschen verbunden, deren Erfahrung dahinterstehen dürfte: Es war damals offensichtlich nicht so selbstverständlich, dass die Kinder (wie alle anderen) am nächsten Tag wieder erwachten; es wurde von »Gottes Wille« abhängig gemacht. Heute denkt niemand mehr darüber nach. Natürlich wird das Kind am nächsten Tag wieder erwachen. Wirklich? Manchmal konnte ich nicht mehr weitersingen, weil mir der Text die Kehle zuschnürte. Würde auch mein Kind morgen wieder erwachen?

Ich blieb mit diesen Erfahrungen bedrohten Lebens nicht allein. Plötzlich offenbarten sich Menschen, die mir eigentlich gar nicht nahestanden, die aber unsere Lebenssituation mitbekamen. Mütter vertrauten mir ihre Geheimnisse an: Ich hörte von tot geborenen, früh verstorbenen und ungeborenen Kindern. Auch schwer kranke Menschen schienen (und scheinen) zu unterstellen, dass wir sie verstehen können müssten. So wird das in unserer Gesellschaft Tabuisierte besprechbar. Tatsächlich habe ich, haben wir keine Angst davor, im Gegenteil. Immer wieder erleben wir, dass Menschen durch die Konfrontation mit unser aller Endlichkeit oder erlebtem Tod aufgeschlossener, »normaler« werden und ihre Rollen vergessen. So können wir einander auf ungewohnte Weise begegnen. Ich schätze das.

Heißt all das, wir haben uns mit der Möglichkeit eines vorzeitigen Todes unserer Tochter abgefunden? Gar mit dem Tod als solchem »versöhnt«?

Ich weiß nicht, ob so etwas möglich ist. Jedenfalls kann ich mich nur sehr schwer damit abfinden, dass Menschen, die ich liebe oder die mir viel bedeuten, sterben – oder sterben könnten. Aber ich habe in all den Jahren sehr lebensnah gelernt, dass der Tod zum Leben gehört, dass wir unserer Endlichkeit nicht ausweichen können und dass es deshalb auch wenig Sinn macht, sich auf Dauer in einer Normalität einzurichten, die das ausblendet. Umgekehrt lässt sich der damit verbundene Schmerz nicht durch Verweise auf eine andere Wirklichkeit wegwischen. Bei aller Entlastung, die ein solcher Glaube mit sich bringen mag, bleibt doch die Aufgabe, das rechte Maß zwischen eigener Macht und Ohnmacht zu finden, also jeweils ganz praktisch herauszufinden, was ich hinnehmen muss und was sich mutig verändern lässt, wo also die Möglichkeit besteht, handelnd sinnvoll in das Geschehen einzugreifen.

Leben in und mit der Klinik

Ärzte als Begleiter in einer unheilbaren Situation

Unser Kind ist einfach einmalig, in jeder Hinsicht, auch hinsichtlich ihrer körperlichen Voraussetzungen. Keine klare Diagnose, kein annähernd bekanntes Syndrom, also auch keine klare Prognose oder therapeutische Erfahrungen, auf die man sich beziehen könnte. Nur immer wieder neue Symptome, die auch als solche nicht unbedingt leicht zu deuten waren. So gab und gibt sie uns allen wiederholt Rätsel auf, den sie behandelnden Ärztinnen und Ärzten, den Therapeutinnen, auch uns Eltern. Eine gewöhnungsbedürftige Situation, für alle.

Unser niedergelassener Kinderarzt reagiert darauf mit ungewöhnlichem Engagement. Er gab uns schon bald eine Privatnummer, über die wir ihn jederzeit erreichen konnten. Seine Begründung: »Wenn Sie mit Ihrem Kind zu einem fremden Arzt gehen, muss der verzweifeln.« Er soll schnell handeln – und sich zugleich Einblick in ein hochkomplexes Syndrom verschaffen. Das ist zu viel verlangt.

Klar. Bei unserem ersten Versuch, nach Jahren ein paar Tage nur Urlaub miteinander zu machen, landeten wir am zweiten Tag bereits in einer Klinik. Unser hochfieberndes Kind wurde vom Chefarzt sofort aufgenommen, genau mit dieser Begründung: Er könne es nicht verantworten, uns so schnell wieder gehen zu lassen, er müsse sich erst ein Bild machen. Die komplette Krankenakte hatte ich natürlich dabei. Etwa 24 Stunden später entließ er uns wieder auf unser Drängen, aber nun mit einem sichereren Gefühl.

Die besondere Situation erforderte und erfordert von allen Geduld, Einfühlungsvermögen und Kooperationsbereitschaft zwischen den betroffenen Parteien. Für manche Ärztinnen und

Ärzte offenbar eine ungewohnte Herausforderung. Eines Tages warb unser Kinderarzt um Verständnis, indem er uns »einen kleinen Einblick in die Psychologie ärztlichen Handelns« gab: »Wir Ärzte möchten *heilen*; deshalb ergreifen wir diesen Beruf – und dann kommen Sie mit diesem Kind«, einem Kind, dem bestenfalls in Akutsituationen geholfen, das aber nicht geheilt werden kann. Eine gewisse Zumutung, meinte er, der nicht jede/r leicht standhalte.

Natürlich, wer will dagegen schon etwas einwenden? Ist nicht das Heilen oder wenigstens Lindern von Krankheiten, die (Wieder-)Herstellung von Gesundheit seit eh und je der Handlungsauftrag der Medizin – so wie es ein »natürlicher« Wunsch ist, gesund zu sein?

Nein, das war *nicht* immer so. Erst die zunehmenden, scheinbar grenzenlosen Möglichkeiten der Medizin nährten, wie im ersten Teil, besprochen, den Traum der Aufklärung von einer leidensfreien Gesellschaft. Hierzu ein paar »geschichtliche Erinnerungen« aus einer Studie des Medizinhistorikers Klaus Dörner über chronisch kranke, also unheilbare Menschen:

»In der Vormoderne bestand die Tätigkeit der Hausärzte aus dem Begleiten, Lindern, Bessern und gelegentlich auch Heilen der diversen Krankheiten. Mit dem Beginn der Moderne ab Anfang des 19. Jahrhunderts haben wir uns allmählich in eine grenzenlose Euphorie hineingesteigert, nämlich parallel zu der Erfolgsgeschichte der Entdeckung der Ursachen der Infektionskrankheiten und den nachfolgenden therapeutischen Heilerfolgen. Das war, gemessen an der Vergangenheit, so sensationell und begeisternd, dass man von da aus hoffen konnte, auch alle übrigen Erkrankungen in Zukunft therapieren zu können. Von den verschiedenen Tätigkeiten des Arztes rückte das Heilen an erste Stelle, während die übrigen Tätigkeiten eher bedeutungslos wurden.« (Dörner 2003, S. 90f.)

Dieser Traum und die damit verbundenen Erwartungen an die Ärztinnen und Ärzte, alles heilen zu können, hat bis heute Bestand, obwohl doch die Fakten dagegen sprächen. So stellt Dörner fest, dass chronische, also unheilbare Krankheiten heute eher die Regel als die Ausnahme sind – und zwar wiederum aufgrund der Fortschritte in der Medizin. Früher wären viele Menschen gestorben, die heute dank der modernen Medizin überleben. (Dörner 2003, S. 91–93)

Demnach liegt auch hier der Schluss nahe: Wir müssen den Traum, alles Leid aufheben zu können, fallen lassen – und unsere individuelle wie gesellschaftliche Lebensrealität entsprechend gestalten. Dazu würde gehören, das ärztliche Selbstverständnis beziehungsweise die Erwartungen an die Ärztinnen und Ärzte wieder neu zu fassen. Wünschenswert wäre, in ihnen biografische Begleiter zu haben, die sich nicht nur als Heiler verstehen, sondern als diejenigen, die mit ihrer ganzen Fachkompetenz dazu beitragen, dass ihre PatientInnen möglichst gut leben können. (vgl. dazu Dörner 2003, S. 95f.; Geisler 2003, S. 181–184 über »Modelle der Arzt-Patient-Beziehung«, »Gestützte Autonomie«, »Der fragmentierte Patient«; Kalitzkus 2005)

Das würde im Falle von behinderten Kindern allen Seiten einiges abverlangen: Zeit zum Gespräch und Geduld; gegenseitigen Respekt; Ernstnehmen der jeweiligen Erfahrungen, auch der Intuition von Eltern; Verständnis auch für deren Krisen; Bereitschaft, das Kind, ja die Familie als Ganzes zu sehen, nicht nur die akute Krankheit, das, was nicht funktioniert oder geht, also einen umfassenderen Blick als die medizinische Perspektive normalerweise vorsieht. Alles in allem Aufbau einer

Vertrauensbeziehung, die eingebettet ist in eine Lebens-, nicht nur eine Krankengeschichte.

Das alles hört sich womöglich einfacher an, als es ist. Tatsächlich scheint es sich bei der Arzt-Eltern-Beziehung zumindestens unter Klinikbedingungen, wo man sich die ÄrztInnen ja nicht aussuchen kann, oft um ein unbereinigtes Minenfeld zu handeln, jedenfalls ein brachliegendes Ackerland, das zu bestellen noch einige Mühe macht, wenn es denn zu aller Zufriedenheit Früchte tragen soll. Ich habe viele Klagen gehört, selbst aber auch gute Erfahrungen in dieser Hinsicht gemacht.

Vor allem aber haben wir das große Glück, einen uns treu begleitenden und auch durch diverse Klinikschwierigkeiten navigierenden (niedergelassenen) Kinderarzt zu haben. Es ist kaum zu beschreiben, wie viel Entlastung, wie viel Sicherheit und Stärkung der eigenen Kompetenz das für uns bedeutet hat! Das zu sagen bedeutet allerdings auch, von ärztlichem Budget zu reden. Für sein Engagement zahlte unser Kinderarzt jahrelang buchstäblich drauf. Sprengte schon die Anzahl unserer Besuche in seiner Praxis mit den vielen notwendigen Verordnungen jedes Budget, so wurden die ausführlichen Beratungen und die häuslichen Notfallbesuche sicher nicht mehr bezahlt. Im Gegenteil: Überschreitungen des Budgets werden am Ende auch noch abgezogen. Zwar hat er mir verboten, daran zu denken, aber es erscheint mir unredlich, mir das von anderen und für andere zu wünschen, ohne diese nicht unerhebliche Tatsache zu erwähnen.

Mütter in der Klinik

Das moderne Gesundheitssystem ermöglicht es Eltern, meist Müttern, bei ihren Kindern in der Klinik zu bleiben, auch über Nacht. Das gilt in erster Linie für Mütter kleiner Kinder, bei zumal schwerbehinderten Kindern aber auch über das Kleinkindalter hinaus. Viele Mütter machen davon Gebrauch, ob sie nun auf mehr oder weniger guten Klappbetten in drangvoller Enge neben ihrem Kind übernachten, oder aufgereiht in einem »Elternzimmer«, einer Nische in Spielzimmern oder mit einem vergleichsweise großen Komfort in großzügig bemessenen Stationszimmern. So können wir unsere Kinder durch akute Krisen begleiten. Und wir sind da, wenn es etwas zu besprechen oder zu entscheiden gibt. Außerdem gibt es mittlerweile großzügige Besuchsregelungen, die zum Beispiel auch Geschwisterkindern den Zutritt erlauben.

Das war nicht immer so. Meine Klinikkarriere begann in einem alten Krankenhaus, in dem zum Teil noch Schilder an den Stationstüren hingen, die an andere Zeiten erinnerten. Schilder mit zeitlich eng begrenzten Besuchszeiten, an die sich auch Eltern zu halten hatten. Wie das insbesondere mit behinderten Kindern ging, kann und mag ich mir nicht vorstellen. Sicher war diese Regelung auch mit anderen Vorstellungen von Pflege und Voraussetzungen zum Gesunden von Kindern verbunden. Geschwisterkinder hatten generell kein Besuchsrecht, was im Prinzip wegen der räumlichen Enge und der Gefahr, dass sie womöglich ansteckende Krankheiten mitbringen, nachvollziehbar war.

Mit dem Neubau der Kinderklinik – einem »5-Sterne-Hotel« im Vergleich zur alten, gewöhnte ich mir an zu sagen – wurde die Bettenkapazität erweitert, viel Platz für Eltern geschaffen – und viele Personalstellen gestrichen! Die damit verbundene Politik war eindeutig und wurde mir auch von kompetenter Seite bestätigt: Jetzt wird fest mit der Anwesenheit der Mütter (oder anderer Angehöriger) gerechnet. Wir sind nicht mehr nur da, wir übernehmen mehr oder weniger viele Pflegetätigkeiten: Wir waschen, wickeln, reichen das Essen, verabreichen Medikamente, fahren die Kinder zu Untersuchungen, legen dabei wenn möglich und nötig helfend selbst Hand an (siehe oben), und anderes mehr. Dass sich das Berufsbild der Kinderkrankenschwestern dadurch dramatisch verändert hat, wurde mir ebenfalls bestätigt: Das Pflegepersonal hat kaum noch Kontakt zu den Kindern; ihre Hauptaufgabe ist es nun, Eltern anzuleiten und sich auf das »Streng Medizinische« zu beschränken.

Für ÄrztInnen ergibt sich dadurch nicht nur die Möglichkeit, sondern je nachdem, wie die anwesenden Begleitpersonen gestrickt sind, ein mehr oder weniger großer Zwang zur Kooperation. Sie müssen nun begründen, warum sie gekommen sind und was sie vorhaben; sie müssen sich den Fragen stellen, Nöte anhören, sich mit Ängsten auseinandersetzen, Widerstände aushalten – können aber unter Umständen auch Verantwortung teilen und sich ein runderes Bild von der Lage ihrer kleinen PatientInnen verschaffen. Das setzt allerdings auf ihrer Seite einiges an Bereitschaft, Souveränität und Fähigkeit voraus, worauf die Wenigsten vorbereitet sind. Dazu kommt der ständig spürbare ungeheure Zeitdruck, unter dem alle arbeiten müssen. Kein Wunder, dass sich hier Minenfelder auftun.

Mütter kommen unvorbereitet und oft sehr plötzlich in diese Situation. Mit den Jahren und im Verlauf eines Klinikaufenthaltes bekommt frau Routine, aber aller Anfang ist schwer. Oft ist es eine Zerreißprobe: Wir wollen den Kindern in der Klinik beistehen, aber für die anderen Kinder zu Hause muss auch gesorgt werden. Berufliche Verpflichtungen gibt es in der Regel heute »eigentlich« auch noch. Erwerbstätige Frauen haben die Qual der Wahl: weiter ihrem Beruf nachgehen oder bei ihren Kindern zu bleiben. Hört sich vertraut an, ist aber eine größere Qual als bei anderen Kindern, weil die Möglichkeit, in der Klinik anwesend zu sein, sich entsprechend der aktuellen Politik oft als Notwendigkeit entpuppt. Um es an einem Beispiel zu erläutern: Zu mir sagte einmal eine diensthabende Schwester: »Wenn Sie wollen, dass Ihr Kind etwas isst, müssen sie schon selbst dafür sorgen.« Was klar hieß: So viel Zeit, wie Ihr Kind zum Essen braucht, haben wir nicht. Ein völlig angemessener Realismus, keine Inkompetenz. Sicherlich hätte die Station das Kind nicht hungern lassen; die medizinischen Mittel der Wahl wären eben Sonde oder Tropf gewesen ... (das eine geht schneller, das andere muss man nur anhängen, wenn denn schon ein Zugang liegt).

Unser Gesundheitssystem sieht für Mütter im Versorgungs- oder Betreuungskonflikt durchaus Entlastung vor. So haben zum Beispiel Eltern, die weitere kleinere Kinder haben, Anspruch auf »Familienhilfe«: Bis zu acht Stunden am Tag kann jemand in die Familie kommen, um für den Haushalt und die Kinder zu sorgen. Das kann eine große Hilfe sein, aber nach unseren Erfahrungen gibt es hier (wie auch in anderen Bereichen, in denen klassische Frauenarbeit professionalisiert wurde) strukturelle Schwächen: Zum einen sind die entsprechenden Sozialstationen personell nicht so ausgestattet, dass im Notfall immer gleich jemand zum Einsatz bereitsteht; außerdem endet die Arbeitszeit oft am Nachmittag, also bevor viele erwerbstätige Väter nach Hause kommen und die Kinder übernehmen können. Gut, wenn hier andere Familienmitglieder einspringen können. Aber wie oft ist dies in einer Gesellschaft, für die Flexibilität und Mobilität selbstverständliche Werte sind, noch der Fall?

Familie besteht heute in der Regel nicht mehr als Großfamilie, zumindestens nicht im städtischen Raum, so dass viele traditionelle Hilfszusammenhänge schlicht wegfallen. Die Oma, die mal schnell einspringen kann, ist immer seltener anzutreffen, weil sie zu weit weg wohnt, schon zu alt oder gar tot ist, oder aber so jung, dass sie selbst noch erwerbstätig ist. Auch Nachbarschaftshilfe funktioniert nur begrenzt, meist punktuell für ein paar Stunden oder einen Tag; jüngere Frauen sind meist erwerbstätig und, wenn sie auch noch Mütter sind, ohnehin schon mehrfach belastet. Es braucht also viel Eigeninitiative, einen hohen organisatorischen Aufwand und meist auch viel Geld, hier für Abhilfe zu sorgen. Das allgemein bekannte Problem der Kinderbetreuung, das sich immer dann besonders zuspitzt, wenn Kinder erkranken oder Ferien haben und deshalb mittlerweile geschaffene gesellschaftliche Einrichtungen nicht mehr greifen, tritt hier also in potenzierter Form auf.

Für erwerbstätige Mütter behinderter Kinder sind Klinikaufenthalte ein noch größeres Problem, das zu lösen mit vielen Kompromissen, Dauerstress und Kämpfen verbunden ist. Kein Wunder, dass die Mütter schwerbehinderter Kinder, die ich kennen gelernt habe, fast alle nicht mehr berufstätig waren, mindestens in Teilzeit, oft aber beurlaubt oder gekündigt oder wegen anderer Kinder eh schon Familienfrauen. Das muss man sich leisten können. Oft wird dann versucht, das fehlende Einkommen durch das Pflegegeld aufzufangen, das dann allerdings nicht mehr zum Einsatz für familienentlastende Dienste im häuslichen Alltag zur Verfügung steht.

Abwesende Väter?

Die Not, für behinderte Kinder sorgen, sie auch zu häufig fälligen Klinikaufenthalten begleiten zu wollen und zu sollen, führt in vielen Familien wieder zur klassischen Rollenverteilung. Die Erwerbsarbeit der Väter und deren Sorge für andere, nicht behinderte Geschwisterkinder, wenn diese nicht in der Klinik sein können, erweist sich als wichtiger denn je. *Wenn* das funktioniert, ist es natürlich eine große Entlastung, aber die Sache hat ihren Preis: getrenntes Familienleben, erhöhter Druck auf allen Seiten – oft auch Entfremdung. Ich spreche hier ja nicht von einmaligen, sondern von wiederholten Klinikaufenthalten, oft über Jahre.

»Behinderte Kinder haben nur abwesende Väter«, hörte ich bereits auf der neonatologischen (Frühchen-)Station, später erst recht auf der neurologischen (für behinderte Kinder). Und auch die Warnung: »Verbringen Sie nicht zu viel Zeit hier mit Ihrem Kind. Wir sehen hier so viele Ehen zerbrechen.«

In der Tat: Zumindestens in den Jahren, in denen wir Dauergast in der Klinik waren, begegnete ich selten einem Vater. Die Mütter blieben bei ihren Kindern, Tag und Nacht, und hatten insbesondere nach dem Bezug des Klinikneubaus, der mit einer Öffnung der Stationen für Geschwisterkinder einherging, am Tag häufig, wie ich, für weitere Kinder zu sorgen. Die Väter kamen zu Besuch, mehr oder weniger häufig, mehr oder weniger lang, brachten und holten Kinder und versorgten ihre Angehörigen mit frischer Kleidung, Essen und anderem mehr. Zeit zum wirklichen Austausch blieb und bleibt da oft nicht viel.

Besonders schwierig fanden wir in dieser Hinsicht die Zeit, als unsere »Große« noch draußen bleiben musste. Wir Eltern sahen uns oft nur flüchtig, wenn wir in der Klinik die Kinder »tauschten«: Mein Mann blieb in der Klinik, während ich für ein, zwei, manchmal auch mehr Stunden mit der anderen heim ging. Oder er schaute abends vorbei, nachdem er die Große irgendwo abgeholt, womöglich noch frische Kleider und Essen besorgt hatte, und wir mussten entscheiden, die Kleine drinnen schreien oder die Ältere draußen im Treppenhaus zwar geduldig, aber müde und eigentlich bettreif, allein warten zu lassen.

Herausgerissen aus unserem bisherigen Leben und seinen sozialen Zusammenhängen pendelten wir so stets atemlos zwischen zwei Kindern, zwischen Zuhause, Kinderklinik und Arbeitsstätte. Immerhin *konnten* wir uns öfter sehen, weil alles recht nah beieinander lag. Aber wir waren doch mehr Eltern als Paar. Wir sorgten primär für die Kinder und stellten unsere eigenen Bedürfnisse zurück, nicht zuletzt in der Hoffnung, dass es mittelfristig allen, auch uns, besser geht, wenn wir die Kinder jeweils gut durch diese schwierigen Zeiten bringen.

Ob wirklich Ehen daran zerbrechen? Ich weiß es nicht. Erst einmal ist man geneigt zu sagen, klar – und kein Wunder. Aber ein aussagekräftiges Ja oder Nein würde doch eine genauere Überprüfung voraussetzen: Zerbrechen die Ehen (oder Beziehungen) von Eltern behinderter Kinder schneller und öfter als andere? Welche Faktoren spielen womöglich noch eine Rolle? Gab es womöglich schon vorher Krisen? Kommen hier vielleicht sehr unterschiedliche Weisen, mit schwierigen Lebenssituationen umzugehen, zum Tragen? Die Einstellung zu Kindern und zum Elternsein, zu Behinderung, Krankheit und vielem anderen mehr könnte eine Rolle spielen. Gewiss ist die Geburt eines behinderten Kindes – oder die Behinderung eines Familienmitglieds durch Krankheit oder Unfall – ein Krisen auslösendes Phänomen, das erst einmal bewältigt werden muss. Aber das kann auch gut gehen und Paare in ihrer Beziehung stärken.

Krankenhaus als sozialer Ort

Ins Krankenhaus eingewiesen zu werden ist wohl für die meisten Menschen, die nicht beruflich damit zu tun haben, ein

Schreckgespenst. Das war – und blieb in mancher Hinsicht – auch für uns so, obwohl wir uns notgedrungen daran gewöhnen mussten, buchstäblich jederzeit wieder dorthin zu müssen. Das Erschrecken hat seine Gründe und Berechtigung; schließlich geht es ja selten um Erfreuliches (wie bei Entbindungen), häufiger aber um unvorhergesehene Unterbrechungen des gewohnten Lebens, womöglich um harte Konfrontationen mit ernsten Erkrankungen. Dazu kommen Begleiterscheinungen, die ertragen werden wollen: Beeinträchtigung des Privatlebens in Mehrbettzimmern, lange Wartezeiten, Ärztinnen und Ärzte, die selten Zeit haben, mehr oder weniger gelungene Visiten, zeitlich überfordertes Pflegepersonal, Putzkolonnen, die meist dann kommen, wenn Kind und Mutter endlich schlafen könnten, Unstimmigkeiten zwischen den Verantwortlichen, und vieles andere mehr. Es gibt viele Gründe, sich zu ärgern und zu klagen. Manches könnte sicher verbessert werden – und wenn ich die Möglichkeit sah, das anzuregen, habe ich auch versucht, darauf hinzuwirken. Insgesamt aber habe ich mich entschieden, mit dem Blick über den nationalen Zaun, die Kirche im Dorf zu lassen. Wir können immerhin – noch? – auf einem vergleichsweise recht hohen Niveau klagen.

Hilfreich und wegweisend wurde für mich ein Gedanke, der mir eines Tages durch den Kopf schoss: Dies hier ist auch ein sozialer Ort. Hier arbeiten und leben Menschen. Und wenn es nun mein »Beruf« ist, unser Kind auch hierher zu begleiten, gehe ich diesem Beruf »professionell« nach. Ich tue nicht nur, was ich tun kann, ich achte auch auf das »Betriebsklima«. Wie an jeder Arbeitstätte gibt es Menschen, die ihren Job mehr oder weniger gut tun, die mehr oder weniger günstige Bedingungen haben; es gibt »Kolleginnen«, nämlich die anderen Mütter, und vor allem gibt es hier viele Menschen, mit denen man sich manchmal notgedrungen auseinandersetzen muss, aber auch andere, denen man privater etwas näherkommen kann.

Wieder eimal erschloss die neue Betrachtungsweise neue Handlungsmöglichkeiten. Ich versuchte gezielt, die Menschen hier als Menschen wahrzunehmen. Ich suchte den Kontakt zu anderen Müttern. Ich stellte viele Fragen, nutzte Gelegenheiten wie Leerläufe (die es ja auch hin und wieder gibt), nächtliche gemeinsame Wachen oder Arztbesuche am Krankenbett, die jeweils Diensthabenden (besser) kennen zu lernen. Mit der Zeit entwickelten sich daraus Beziehungen, die es mir erleichterten, wiederkommen zu müssen: Das Wiedersehen wurde zum Trost in widrigen Umständen.

Mit Realismus und einem gewissen Augenzwinkern begann ich, von meinem »Zweitwohnsitz« zu reden, was eine andere Art war, dieses Umdenken auszudrücken: Der permanente Ausnahmezustand war eben meine und unsere Normalität.

Begegnungen als Über-Lebensmittel

Im ersten Teil habe ich von Erfahrungen berichtet, die man als verdeckt oder unbewusst behindertenfeindlich deuten könnte. Aber es war auch schon von unspektakulärer Hilfe von zahlreichen Menschen die Rede, ohne die vieles noch schwerer zu bewältigen gewesen wäre. Zu solchen guten, segensreichen Erfahrungen gehört nicht nur die treue Begleitung durch Verwandte, FreundInnen, NachbarInnen (von Lebensmitteln bis Kinderbetreuung) wie auch durch eine ganze Reihe hoch engagierter Fachkräfte (Frühförderer, Physiotherapeutinnen, Familienhelferinnen und den über jeweils lange Zeit zu uns kommenden Pflegekräften). Nein, dazu gehört auch eine ganze

Reihe anderer Gesten der Unterstützung, die noch weniger selbstverständlich waren und sind, alle aber ungefragt gewährt wurden und werden:

So müssen wir bei einigen niedergelassenen Ärzten, die meine Tochter bereits kennen, nicht warten. Ich nehme an, um uns wegen ihrer hohen Infektanfälligkeit und dem Problem, sich in fremder Umgebung zu orientieren, den Aufenthalt im Wartezimmer zu ersparen.

Es gibt Apotheken, in denen ich dringend benötigte Medikamente auch ohne Rezept in der Hand erhalte, vermutlich, weil sie wissen, ich bleibe es nicht schuldig.

Bei einer Autopanne im Winter bei bedrohlicher Kälte für die Kleine fand sich sofort jemand, der mich mit den Kindern, einem Reha-Buggy und dem ganzen Einkauf nach Hause fuhr – und sich dann noch ungefragt um das liegengebliebene Auto kümmerte.

Es gibt selten noch lästige Fragen, dafür immer mal wieder zupackende Menschen im Supermarkt.

Als wir nach einem langen und aufregenden Klinikaufenthalt um einige Tage verspätet unser Urlaubsziel im Ausland erreichten, wurden wir mitten in der Nacht von unseren Vermietern mit überall aufgestellten Kerzen, Geschenken für die Kinder und kühlen Getränken erwartet – ein überaus herzlicher und einfühlsamer Empfang, für uns nach den vorangegangenen Wochen, die uns ungemein viel Kraft gekostet hatten, einfach nur wohltuend!

Kurz: Es gab und gibt immer wieder so viele hilfreiche Hände und verständnisvolle Gesten bis hin zu finanzieller Unterstützung privat, dass ich in meinem Glauben an die Möglichkeit des Menschen, menschlich-human zu handeln, bestärkt bin – und natürlich: einfach nur dankbar. Wahrscheinlich ahnen die meisten dieser Menschen gar nicht, wie not-wendend oder/und wohltuend ihre Hilfe jeweils war oder ist.

Darüber hinaus gab es in der Klinik Kontakte und Begegnungen, die ich als »Über-Lebensmittel« bezeichnen möchte, insofern sie Nahrung für meine angeschlagene Seele bedeuteten, Stärkung meiner Durchhaltekraft, Hilfe im oft einsamen Bemühen, diesen schwierigen Alltag zu bewältigen. Diese Begegnungen hatten eine eigene Qualität, eine Unmittelbarkeit und Intensität, die es unter »normalen« Umständen nur selten und in lange gewachsenen Beziehungen gibt, direkt, unkonventionell, wesentlich.

Manchmal waren diese Beziehungen ausgesprochen einseitig, so scheint es mir wenigstens, nämlich dann, wenn ich einfach nur Nehmende war, die professionelle Hilfe bedürftig »aufsaugte«. Zwei Klinikangestellten möchte ich hier stellvertretend ein kleines Denkmal setzen:

In den ersten vier Monaten, als mein Leben völlig aus den Fugen geraten war und ich nur zu funktionieren versuchte, war es eine Klinikseelsorgerin, die mich treu begleitete: Sie kam, wenn ich mich recht erinnere, fast täglich vorbei, war einfach da, mal kürzer, mal länger, und hatte die wunderbare Gabe, mich »ins Wort zu hören«. So nannte vor Jahrzehnten die nordamerikanische Theologin Nelle Morton die Art und Weise, wie Frauen zu Beginn der neueren Frauenbewegung miteinander sprachen, Fragen stellten, einander zuhörten, so dass sie sich gemeinsam vieler für ihr Leben wichtiger Zusammenhänge bewusst wurden. So ähnlich war es mit dieser Seelsorgerin. Vollkommen aufgewühlt, wie ich war, lieh sie mir ihr Ohr. So war ich nicht mehr ganz allein mit dem, was mich umtrieb, und konnte sprechend beginnen, mich gewissermaßen neu »zu sortieren«. Inhaltlich kann ich mich kaum mehr an einzelne

Gesprächsinhalte erinnern, wohl aber an die wohltuende, verlässliche, halt-gebende Präsenz dieser Frau mit ihrem sicheren Gespür für das, was gerade not-wendend war.

Erst später habe ich darüber nachgedacht, wie sie wohl ihren seelsorgerlichen Auftrag verstanden haben mag, erst recht, als sie sich verabschiedete, um die Stelle zu wechseln. Da hörte ich es in der Klinik munkeln, ihr Arbeitgeber Kirche sei nicht mit ihrer Vorstellung von dieser Arbeit zufrieden gewesen. Für mich war diese Seelsorgerin ein Rettungsring in rauer See, ein echter Segen, ein Überlebens-Mittel; kurz eine, die im Sinne meiner Ausführungen unten über Abhängigkeit auf ihre Weise mit für mich sorgte, so dass ich in der Lage war, für mein Kind zu sorgen.

In einer ähnlich kritischen Situation, nämlich als unsere Tochter Jahre später wochenlang in Lebensgefahr war, kam eines Tages eine Erzieherin an ihr Bett, sprach kurz mit mir, schaute uns eine Weile beim Spielen zu und schickte mich von da an energisch täglich für eine Stunde an die Luft. Immer hatte sie ein passendes Spielzeug und ein Buch dabei, das sie mit meiner Tochter spielte und ansah, oder eine Musik, ein Instrument – und sie schaffte es, schnell in Kontakt mit der schwer kranken kleinen Patientin zu kommen. Zudem hatte sie stets ein gutes Wort für mich. Was für eine Entlastung, welch ein Segen, wenn man wochenlang rund um die Uhr auf wenigen Quadratmetern, meist nur einem schmalen Gang zwischen Klinikbett und Waschzeile lebt! Längere Zeit später trafen wir einander flüchtig wieder. Ich nutzte den kurzen Moment, ihr nochmals zu danken. Sie versicherte, auch sie werde uns niemals vergessen und habe zu danken. Leider konnte ich nicht fragen, warum und wofür.

Über-Lebensmittel ganz anderer Art waren die Beziehungen

zu anderen Müttern schwerbehinderter Kinder. In der drangvollen Enge der alten Klinik wurden solche Kontakte begünstigt; aber auch in den neuen Räumlichkeiten, die uns mehr Privatleben gewähren, begegnet man sich beim Essen, in kurzen Pausen vor den Zimmertüren, in Wartebereichen, im Elternzimmer und besonders nachts.

Hier lernte ich bald zwei Mütter kennen, deren Kinder damals schon in der Pubertät beziehungsweise fast volljährig waren. Ihre positive Ausstrahlung machte mich neugierig. Wie hatten sie diese Herausforderung bewältigt? Eine erzählte mir im Laufe der Zeit vieles aus ihrem Leben. Ich durfte endlos Fragen stellen und erhielt auf alles eine Antwort. Ihre Ausgangsbedingungen waren ungleich schlechter als meine – und doch saß sie da, strahlend, eine starke Persönlichkeit, zufrieden mit sich und der Welt – und dies zu Recht!

Ich war – und bin bis heute – zutiefst beeindruckt von ihrer Tapferkeit und ihrer Lebenskunst. Und ich bin ihr äußerst dankbar. Ihr Beispiel machte mir Mut: Offenbar war es möglich, aus dieser Situation etwas zu machen, daran zu wachsen, selbst unter den widrigsten Umständen! Das wollte ich auch schaffen! Ungezählte Male habe ich in den folgenden Jahren, wenn mir der Mut sank, an diese Frau und ihr Beispiel gedacht.

Ebenso wichtig war über einige Jahre der Kontakt zu den Müttern mit etwa gleichaltrigen Kindern, die wie wir dauernd notfallmäßig in der Klinik landeten. Miteinander ins Gespräch zu kommen war nicht schwer, besonders wenn man sich schon x-mal gesehen hatte und allmählich voneinander wusste, dass man eine Art Schicksalsgemeinschaft bildete. Diese Situation schließt, wie sicher auch andernorts, Herzen auf, so dass man über alles Mögliche, selten aber über Banales redet: natürlich über die augenblickliche Situation, das Befinden des Kindes, die Station, das Personal, aber auch über viele damit verbundene Sorgen und Ängste, über Partnerprobleme und Geschwisterkinder, über Bewältigungsversuche und Misserfolge – eben über alle Aspekte des Lebens mit einem behinderten Kind, einschließlich weltanschaulicher Fragen.

Sicherlich hat nicht jedes Gespräch dieselbe Intensität, nicht jeder Kontakt gelingt gleichermaßen; und dennoch wiederholte sich hier über alle Bildungs-, Status- und Nationalitätsgrenzen hinweg eine, nennen wir es, unübliche Offenheit und scheinbar selbstverständliche Solidarität. Im Miteinander-Reden, -Wachen, -Trauern und manchmal auch -Feiern entfaltete sich eine Möglichkeit, Klinikzeiten nicht einfach nur auszuhalten, sondern als Teil unseres Lebens zu gestalten.

Dies ist offenbar auch andernorts so: Unvergesslich ein lauer später Sommerabend an einer Großstadtklinik, in der sich, nach Rücksprache mit den Nachtschwestern, immer mehr Mütter mit einem Stuhl vor der Klinik einfanden und eine Mutter Sekt ausschenkte. Das Ambiente war alles andere als gemütlich, aber die Lebensfreude, die wir hier allen Widrigkeiten zum Trotz teilten, war ungebremst, ja ebenfalls von eigener Qualität.

Anders als bei Selbsthilfegruppen spielt übrigens die Diagnose der Kinder kaum eine Rolle; das Bindeglied war ihre Behinderung, manchmal auch eine schwerwiegende chronische Erkrankung, durch die wir Mütter in eine vergleichbare Situation geraten sind.

Diese besondere Art des Umgangs miteinander wiederholt sich in abgeschwächter Form auch regelmäßig in anderen Zusammenhängen außerhalb der Klinik, in denen Eltern behinderter Kinder aufeinandertreffen, und zwar ohne dass man eng befreundet sein muss oder ständig Kontakt zueinander pflegt. Wir sitzen einfach in einem Boot und können unterstellen, bestimmte Erfahrungen zu teilen, die uns und unser Leben komplett verändert haben.

Eine Mutter formulierte es einmal so: »Es gibt Dinge, über die wir uns einfach nicht mehr aufregen können; und es gibt eine Freude über viele kleine Dinge und Momente, die andere womöglich kaum nachvollziehen können.«

Ich möchte diese Erfahrungen nicht missen. Sie haben mich gelehrt, den Augenblick zu nutzen, für vieles zutiefst dankbar zu sein und haben so mein Leben intensiviert.

Ob nur ich das so wahrnehme? Ich bin mir sicher, dass es auch anderen so geht. So weiß ich von mehr als einer Klinik, dass dort Elternkontakte gezielt unterstützt werden, weil diese Art der Selbsthilfe als wichtig angesehen wird.

Und ich darf aus dem Brief einer mir lieb gewordenen Mutter zitieren (vom 30. Jan. 2000), die so oft mit mir in der Klinik weilte und deren behindertes Kind schließlich gestorben ist:

»Ich bin ja jetzt relativ flexibel. Es ist schon bitter, dass sich der Wunsch, mein Leben wieder ein Stück weit selbst bestimmen zu können, nun auf solch furchtbare Weise erfüllt hat. Und doch ist es nicht wie früher – und es wird nie wieder so sein. Ich bin ein anderer Mensch geworden ...« Und weiter: »Nie hätte ich geglaubt, dass mir die Mütter der schwer kranken und behinderten Kinder als Ganzes fehlen würden. In der Klinik habe ich mich immer nach ›normalen‹ Kontakten gesehnt. Aber nicht nur die Kinder sind anders, auch die Mütter ...«

5. Zeiten der Verzweiflung

Am Rande der eigenen Kräfte

Die großen gesundheitlichen Krisen, die nachhaltigen Veränderungen und Einschränkungen, die das Leben mit einem schwerbehinderten Kind mit sich bringt, gehen natürlich mit Verzweiflungsphasen einher. Das soll im Sinne der oben erwähnten Aufrichtigkeit hier nicht verschwiegen, aber auch nicht allzu sehr ausgebreitet werden. Ohnehin werden aufmerksame LeserInnen an vielen Stellen dieses Buches ahnen können, dass manche der angesprochenen Situationen durchaus Anlass zur Verzweiflung gaben. So können hier einige wenige Beispiele genügen.

Verzweiflung hatte bei mir in erster Linie mit Erschöpfung zu tun, dann auch mit Ohnmachtsgefühlen angesichts der Unmöglichkeit oder Unfähigkeit, ändern zu können, was man geändert haben will. Manches Mal bin ich vor allem in den ersten Jahren an meine Grenzen gekommen. Nicht nur wegen der vielen Krankenhausaufenthalte, nicht nur wegen eines anhaltend atemlosen Alltags zu Hause, sondern auch, weil ich durch die Behinderung unserer Tochter oft selbst elementarsten Bedürfnissen und Wünschen nicht nachkommen konnte, weder meinen eigenen noch den von anderen.

Schlaflosigkeit war ein Thema über Jahre. Ungezählte schlaflose oder x-mal unterbrochene Nächte summierten sich zu einem gigantischen Schlafdefizit. Man kennt sich selbst nicht mehr. Mütter Neugeborener oder von Kleinkindern werden das kennen, aber bei uns hielt der Zustand über Jahre. Wie machen das bloß Mütter von mehreren, schnell nacheinander geborenen Kindern?

Zum Nicht-schlafen-Dürfen kam die Sorge: Warum kann das Kind nicht einschlafen? Hat sie Schmerzen? Quält sie etwas? Wenn sie offensichtlich krank war und hoch fieberte, war ich nicht nur vollauf mit ihr beschäftigt, sondern hatte auch abzuwägen, ob mein Pflegerepertoire reichen würde oder wir wieder ins Krankenhaus müssen. Für den Weg ins Krankenhaus brauchte ich stets, trotz aller Vertrautheit mit dieser Institution, einen Extraanlauf. Allein die Aufnahmeprozedur ist jedes Mal, wie schon erwähnt, schlicht zum Verzweifeln. Also pflegte ich, solange es irgend ging, unterstützt von unserem Kinderarzt, unser Kind zu Hause – nicht selten wegen ihres Zustandes maßlos verzweifelt. Wenigstens konnte ich dann auch noch für unsere ältere Tochter da sein.

Immer mal wieder hat jener Frühförderer, der etwa ab dem 3. Lebensjahr unserer Tochter zu uns kam, hier sehr elementar geholfen. Noch heute erzählt er seinen StudentInnen und ReferendarInnen, dass Frühförderung vieles bedeuten kann, zum Beispiel der Mutter das Kind abzunehmen, um ihr eine Stunde Schlaf zu gönnen. Eigentlich hatte ich ganz andere Vorstellungen; ich wollte von ihm für den Umgang mit unserem Kind lernen, war aber oft gar nicht dazu in der Lage.

Hin und wieder versuchte ich, in solchen kleinen Zuständigkeitspausen etwas zu lesen oder zu schreiben. Es kann ja auch erholsam sein, mal etwas anderes zu tun und auf andere Gedanken zu kommen. Manchmal gelang das, aber oft hatte ich dann nur noch Nebel im Kopf. Auch das fand ich dann zum Verzweifeln.

Wie viele Projekte musste ich mit der Zeit begraben! Wie viele Einladungen absagen! Wie oft auf Termine, die mir, die uns eigentlich wichtig waren, verzichten! Hochzeiten, runde Geburtstage, Beerdigungen inbegriffen. Einen Besuch, einen

Ausflug mit unserer behinderten Tochter zu wagen, konnte (und kann) gut gehen, barg aber (und birgt noch) stets das hohe Risiko, dass sie endlos schreit. Oder wir haben an alles zu denken versucht, alles bestens vorbereitet – und dann wird sie krank, so krank, dass an einen Ausflug mit ihr nicht mehr zu denken ist. Unser Leben ist unberechenbarer, unplanbarer denn je geworden. Mitleid, Verzweiflung, Ohnmachtsgefühle, Trauer und Aggressionen bilden ein zermürbendes Paket von Gefühlen, mit denen man dann zu kämpfen hat.

Oft lösten wir Eltern einander ab, suchten auf getrennten Wegen ein wenig Erholung und pflegten Kontakte, so gut es eben ging, solo. Gab es uns überhaupt noch als Paar? Selten hatten wir ein paar störungsfreie Minuten für uns. Bei den uns eigentlich wichtigen gemeinsamen Mahlzeiten mussten wir uns an viele Unterbrechungen gewöhnen. Das ist mittlerweile erheblich besser geworden; dennoch macht uns insbesondere die Anwesenheit von Gästen immer mal wieder bewusst, dass von einem »normalen« Ablauf von Mahlzeiten meist nicht die Rede sein kann. In ein Restaurant oder zu (auswärtigen) Esseneinladungen trauen wir uns bis heute nur in Ausnahmesituationen. Ebenfalls bis heute gab es praktisch nie einen Abend, an dem beide Kinder schliefen. Selten konnten wir gemeinsam etwas unternehmen. Das allerdings war dann das erste, was wir uns nach Gewährung von Pflegegeld gönnten: eine Kinderbetreuung, die uns ermöglichte, für ein paar Stunden gemeinsam wegzugehen. Immerhin ein Luxus, das Pflegegeld dafür einsetzen zu können. Aber überlebenswichtig für unsere Beziehung.

Man lernt, Prioritäten zu setzen. Was ist so wichtig, dass es eine große, unter Umständen auch finanzielle Anstrengung (Betreuungskosten) lohnt? Und man lernt zu verzichten – meistens in der Hoffnung, es möge nicht für immer sein. Da erschien mir/uns etwas wichtig, aber es war nicht machbar – und tatsächlich geht die Welt trotzdem nicht unter. Hin und wieder bleiben vielleicht ein paar Wunden, unschöne Erinnerungen oder Bedauern. Hier geht es tatsächlich um Loslassen, nein, nicht des Kindes, für das Halt und Bindung lebensnotwendig ist, sondern von vielem, das man glaubte dringend zu einem guten Leben zu brauchen: Zeit füreinander, ausreichend Schlaf, interessante Lektüre (Zeitungen inbegriffen), gute Musik, soziale Kontakte, berufliches Vorankommen – Vorstellungen also vom eigenen Leben und auch von dem, was mit und für das Kind möglich sein könnte.

Stattdessen musste ich lernen, mehr denn je die Wiederkehr des Immergleichen hinzunehmen: Nicht nur die klassische Frauenarbeit war und ist potenziert (endlose Wäsche; endlos viele Mahlzeiten am Tag, anfangs alle zwei Stunden rund um die Uhr; Kinderpflege und -betreuung …). Dazu kommen die immergleichen Gesten, Pflegetätigkeiten, Lieder, Bücher, Spiele bei dem in seiner Entwicklung stark eingeschränkten Kind.

Misslingende Kommunikation

Sprache, Worte, Sprechen, Lesen, Schreiben – das ist sicher nicht meine einzige Welt, war aber doch immer, auch beruflich, sehr wichtig für mich und uns. Und nun die Kontrasterfahrung: Unser Kind kann nicht sprechen! Immerhin verfügt sie bis zu einem gewissen Grad über ein passives Sprachverständnis, möglicherweise auch, weil ich sie von Anfang an »zutaktete«. So hatte das eine Mutter genannt, deren Sohn mir durch eben ein solches Sprachverständnis aufgefallen war. Sie habe von Anfang an alles benannt, was sie tat, sah und sich in ihrem gemeinsamen Umfeld befand. Ich nahm diese Erzählung gerne als Anregung auf, zumal ich irgendwo gelesen hatte, bei nichtsprechenden Kindern bestünde die Gefahr, dass sie nicht *mehr*, sondern *weniger* Förderung und Anregung dadurch erführen, dass man eben nicht mehr mit oder zu ihnen spricht. Und das Angesprochen-Werden ist ja sehr viel mehr als nur ein Akt der unmittelbaren Sprach- und Informationsvermittlung, nämlich Zuwendung, Vermittlung von gefühlsmäßigen »Botschaften«, Erschließung von Welt.

Das passive Sprachverständnis erlaubt immerhin in bescheidenem Maße, Wünsche und Bedürfnisse abzufragen, vorausgesetzt, man stellt die Fragen so, dass sie mit einem klaren Ja (Klatschen, zustimmende Laute oder Gesten) oder Nein (keine Reaktion oder abwehrende Gesten) zu beantworten sind: Willst du etwas essen, hast du Durst, magst du spazieren gehen, Klavier spielen, Bücher anschauen …? Darüber hinaus lernt sie zunehmend, ihre Körpersprache einzusetzen und mit Blicken und Gesten zu zeigen, was und wohin sie will.

Diese bescheidenen Fähigkeiten ändern nichts daran, dass sie radikal darauf angewiesen ist, dass sich jemand in sie einfühlt, ihre Art zu kommunizieren versteht, ihre Bedürfnisse erkennt und ihr damit Sicherheit gibt, und zwar 24 Stunden am Tag. Zudem braucht es viel Fantasie und Geduld, um die Welt an sie herantragen zu können, die sie sich ja nicht selbst erobern kann.

Dies kann beim besten Willen nicht immer gelingen. So gibt es wiederholt Situationen, in denen ich (oder jemand anderes) nicht das Richtige anbietet, tut, erkennt, mit der Folge, dass sie zornig wird oder bitterlich weint oder maßlos schreit – Momente, in denen man nicht nur mit seinen Gefühlen zu kämpfen hat, sondern sich auch der unendlichen Differenz bewusst wird, die zwischen sich noch so nahestehenden Menschen besteht: Das Anderssein des anderen/der anderen ist eben unaufhebbar.

Wir kennen das alle aus eigener Erfahrung: Wie oft meint es jemand gut mit einem – und liegt doch völlig daneben! Wie oft sagt eine Partnerin/ein Partner, eine wirklich gute Freundin, »Nein, so ist es nicht, du siehst das falsch!« Wie oft erklären Kinder, die wir als Mütter gut zu kennen glauben, »Du hast ja keine Ahnung!« Dieses Nicht-Wissen-um-die-andere, nicht differenzierter fragen zu können, ist manchmal qualvoll, erst recht, wenn ich bedenke, dass unsere Tochter damit eingeschlossen bleibt in ihre kleine Welt und auf Lebenszeit radikal abhängig von uns und anderen Betreuungspersonen. Wenn ich aus Ratlosigkeit und Überforderung ungeduldig zu werden beginne, hilft ein Bild: Ich bin in einem Land, in dem ich absolut nichts verstehe, dringend auf Hilfe angewiesen – eine scheußliche, beängstigende Vorstellung.

Die bescheidenen Möglichkeiten unserer Tochter, sich auszudrücken, stellen besondere Anforderungen an jede Übergabe beim Betreuungswechsel. Man muss versuchen, an alles zu denken, dazu alle Eventualitäten in Betracht ziehen je nach Wetter, Befinden, Umgebung, Situation … Wie oft geschieht es, dass man eben nicht an alles gedacht hat oder Unvorhersehbares geschieht! Oder professionelles Personal ist schlicht überfordert, weil mehrere Kinder zu betreuen sind, so dass womöglich selbst Grundbedürfnisse unbefriedigt bleiben.

Besonders bitter finde ich, wenn Menschen nicht in der Lage sind, Schmerzen oder körperliche Veränderungen anzuzeigen, könnten diese doch Signale schwerwiegender zusätzlicher Beeinträchtigungen, wie drohende Erblindung oder Lähmung, sein. Erfährt man dann noch, dass man bei rechtzeitigem Erkennen dieses und jenes hätte tun und die zusätzliche Behinderung hätte verhindert werden können, ist das nur schwer auszuhalten.

Warum?

Warum musste dieses Kind behindert sein? Andere Leute haben drei und mehr Kinder, alle gesund, … wieder andere allerdings nur eines, das behindert ist, oder gar mehrere behinderte Kinder; aber das verdrängt man in solchen Momenten, in denen man mit der besonderen Herausforderung, dass das Leben ganz anders verläuft als geplant, gerade nicht fertig wird. Meist waren es Situationen, in denen Übermüdung, Überforderung, Hilflosigkeit, Ängste, Verzweiflung zusammenkamen. Situationen, in denen alles Wissen nichts mehr half, in denen ich am liebsten in den Wald gerannt wäre, um zu schreien, oder in denen ich mich gerne in ein Ecke verkrochen hätte zum Weinen. Manchmal war mir auch einfach nur danach, diesen 24-Stunden-Job kündigen zu können, und zwar fristlos.

Was war das auch für ein Job, gekennzeichnet von endloser Sisyphusarbeit (immer wieder dasselbe tun) ohne Erfolgsaussichten und Anerkennung; von Hausarbeit, die heutzutage wertlos scheint, bei der frau sich schon unter normalen Umständen rückständig fühlen muss, wenn sie sie nicht delegiert oder minimiert; von radikaler Abhängigkeit und Einsamkeit; schließlich möchte frau den hart arbeitenden, ebenfalls grenzwertig ausgelasteten (und in unserem Fall oft aus beruflichen Gründen verreisten) Gatten nicht zusätzlich nerven.

Anderen gegenüber wollte ich nicht klagen. Schließlich hatte ich mir die Sache selbst eingebrockt, für mich eine Tatsache, die mich in solchen Momenten nicht schwächte, sondern eher stärkte: Ich hatte selbst entschieden, und dazu stand ich. Aber es schien mir besser, über meine dunklen Stunden zu schweigen, um nicht die üblichen Vorurteile über das Leben mit Behinderung zu bestätigen. Und auch aus moderner frauenpolitischer, gar feministischer Sicht war das Leben, das ich gerade führte, nicht gerade der Hit.

Ich versuchte, Tag für Tag das Notwendige zu tun und dabei allen gerecht zu werden. Auch mir? Wo waren meine Freiheit, meine Träume, meine Lebensziele? Wie Simone de Beauvoir, die existenzialistische Philosophin, über die ich Jahre gearbeitet hatte, war dies für mich ein existenzielles, ja spirituelles Problem: War ich nicht eingeschlossen in die »immanente« Welt der ewigen Wiederholung? War ich nicht verpflichtet, daraus auszubrechen und meine Gaben und Charismen besser zu nutzen? Hatte ich nicht viel Mühe und Zeit in meine Ausbildung investiert? Stimmte es nicht, dass es existenziell zum Menschen gehört, dass er sich Ziele setzt und über sich hinauswächst?

Meine Protagonistin hatte die von ihr so gehasste Hausarbeit nur für kurze Zeit kennen gelernt, nämlich zu Kriegsende. Da allerdings entschied sie sich, daraus »eine Manie« zu machen. Die Entscheidung war wichtig, nämlich die letzte Möglichkeit, die eigene Freiheit wahrzunehmen, indem sie wählte: innerlich zuzustimmen oder abzulehnen und dann eben zähneknirschend nur hinzunehmen. Übrigens hatte sie allen Grund, die Hausarbeit zu hassen, hing doch die traditionelle Frauenrolle daran, aus der Simone de Beauvoir von klein an auszubrechen versuchte, weil sie eine gute Ausbildung wollte und einen Beruf anstebte, der sie ökonomisch und auch sonst unabhängig machte. Wie viele Frauen in der ganzen Welt hatten sich in den folgenden Jahrzehnten an ihr orientiert!

Mit all diesen Gedanken im Kopf – und den daran geformten Zielen – war mein Alltag jetzt manchmal noch schwerer zu ertragen. Ich war abhängiger denn je, fühlte mich ausgebremst in meinem Tatendrang und niemand konnte mir Hoffnung machen, dass es mal wieder anders sein könnte.

Es ging um mein Leben – und den Sinn desselben. Erschöpfte sich meine Freiheit nun darin, B zu dem A zu sagen, das ich mit dem Ja zu diesem Kind gesprochen hatte? Und würde dieses B-Sagen zwangsläufig bedeuten, die ständig krisenhafte Situation dadurch zu bewältigen, dass ich mich notgedrungen in eine Frauenrolle fügte, die mehrheitlich in unserer Gesellschaft längst als überholt angesehen wird? (vgl. Thimm/Wachtel 2002, S. 12) Aber war das, was und wie ich es tat, überhaupt die alte Frauenrolle? Und verdienten nicht viele Frauen zwar Geld, aber mit wesentlich anspruchsloseren Jobs? War meine Arbeit gesellschaftlich gesehen »nichts wert«, nur weil ich kein Geld verdiente? Waren andererseits Pflegegeld und die damit verbundene Rentenversicherung nicht wenigstens ein Anfang gesellschaftlicher Würdigung (ein Anfang, weil die Höhe von beidem zum Leben viel zu wenig ist)? Immerhin befand ich mich in einer vergleichsweise »luxuriösen« Situation: Wir wurden nicht zu Sozialhilfeempfängern, weil ich kaum noch etwas verdiente! Ich hatte damit auch die Möglichkeit, mich so um die Kinder zu kümmern, wie wir es unter den gegebenen Umständen für notwendig und richtig erachteten. Allerdings eben um den Preis meiner ökonomischen Abhängigkeit. Würde unsere Beziehung das aushalten? Würden wir trotzdem einen ehrlichen Weg finden, miteinander und mit unserer Lebenssituation umzugehen?

Fragen über Fragen, Unsicherheiten, Ängste, nicht zuletzt aufgrund der Alternativlosigkeit meiner/unserer Situation. Wie ertrage ich das Unvermeidliche, das, was ich nicht ändern kann – und wie lerne ich zu sehen und zu ändern, was ich ändern kann? Meine früheren Berufspläne würde ich nicht mehr aufnehmen, bestenfalls hin und wieder daran anknüpfen können – das wurde mir spätestens auf einer Tagung klar, die ich besuchte, als unsere zweite Tochter etwa drei Jahre alt war. Der nüchternen Einsicht folgte ein unkontrollierbarer Weinkrampf, der Stunden anhielt. Ein paar gute Worte während des Tagungsabschlusses hatten ihn völlig überraschend ausgelöst; es war schrecklich und nur peinlich, aber ich konnte meine Tränen nicht stoppen, auch nicht während der längeren Zugfahrt. Mangels anderer Möglichkeiten zu trauern, kamen alle Tränen auf einmal. Warum haben wir hierzulande eigentlich keine Trauerkultur?

Keine Frage: Ich war nun ebenfalls behindert, behindert in der Gestaltung meines Lebens. Wir alle waren behindert in unserer Bewegungsfreiheit, im Alltag, im Urlaub, immer, weil es nicht möglich war, unsere behinderte Tochter wie andere Kinder »überallhin« mitzunehmen und sie selbstverständlich an einem »normalen« Leben teilhaben zu lassen, zu Hause und anderswo. Besonders mein Leben und Befinden waren weitgehend abhängig vom Leben und Befinden unserer kleinen Tochter.

Warum musste sie behindert sein? Warum muss sie so viel aushalten? Warum kann sie nicht wenigstens sprechen? Diese Fragen stellte ich mir nur anfangs und später sehr selten. Das mag überraschen; aber ihre Behinderung ist für mich und uns einfach eine nackte Tatsache, mit der wir umzugehen haben. Das heißt nicht, dass uns nicht andere Fragen beschäftigen, ja quälen würden, die mit Sinnfragen zusammenhängen: Wie können wir ihr zu einem Leben verhelfen, dass auch ein gutes

Leben ist? Was braucht es dazu? Was soll aus ihr werden, wenn wir, ihre Eltern, nicht mehr für sie da sein können? Was wird noch alles auf sie zukommen? Welche Möglichkeiten haben wir, sie für ein Leben als Erwachsene auszustatten, wenn sie denn überhaupt erwachsen wird? Sind wir gezwungen, immer wieder Dinge hinzunehmen, die eigentlich unerträglich sind? Ein schlechter Umgang mit ihr zum Beispiel, den man manchmal nur ahnen kann, manchmal nur zufällig erfährt, von dem sie uns ja nicht berichten kann. Oder so simple Dinge wie die, die wir von unserer älteren Tochter gelernt haben, wenn sie etwa mit einer Lehrerin überhaupt nicht klarkam, die wir von Elternabenden her »eigentlich ganz nett« fanden und für kompetent hielten.

Unsere behinderte Tochter kann uns ihre Wahrnehmungen, ihre Erlebnisse, ihren Kummer, ihre Ängste nicht oder nur in sehr bescheidenem Maße mitteilen. Hin und wieder schreit ihre Not zum Himmel, und manchmal schreit sie sie auch heraus, ohne sicher sein zu können, dass sie verstanden und gehört wird. Das ist bei näherem Hinsehen zum Verzweifeln. Und dann kann ich auch hadern und erneut fragen, warum? Manches werde ich wohl ertragen lernen müssen, aber das ein oder andere ließe sich womöglich ändern, wenn ich, wenn andere Betroffene nicht ständig aufgefressen würden von diesem Job, sondern mehr oder überhaupt Zeit für ein soziales, gesellschaftspolitisches Engagement hätten.

Von einer Theologin wird man vielleicht erwarten, dass sie angesichts des Leides, das mit der Behinderung ihrer Tochter verbunden ist, auch mit Gott hadert; aber das tue ich nicht, tat ich nie, und zwar aus einem einfachen Grund: Aus Studien in meinem »früheren« Leben, vor der Geburt unserer Tochter, wusste ich bereits, dass es auf die Frage nach Gott und dem

Leid letztlich nur eine lebenspraktische Antwort gibt, eine »Antwort«, die darin besteht, wie man angesichts des Letztgültigen mit dem Gegebenen umgeht. Um eine theoretische Lösung, die Gott für das Leid verantwortlich macht oder von dieser Verantwortung »freispricht«, die versucht, Allmacht und Güte Gottes angesichts all des Unheils in der Welt zusammenzudenken, haben sich seit Jahrhunderten kluge Köpfe bemüht, christliche und jüdische TheologInnen, vergeblich. Aber weil sicher nicht alle, die angesichts Gottes die Warum-Frage stellen, darin bewandert sind, und weil diese Frage viele Menschen zermürbt, werde ich im letzten Kapitel darauf zurückkommen.

6. Akzeptanz von Behinderung

Rück- und Ausblick:

Nicht nur der/die Einzelne, *Familien* sind betroffen und gefordert

Im ersten Teil dieses Buches habe ich schwerpunktmäßig den gesellschaftlichen Kontext eines Lebens mit Behinderung dargelegt. Von eigenen Erfahrungen ausgehend, habe ich gezeigt, wie sich das in unserer Gesellschaft vorherrschende Denken über Menschen mit Behinderung, das sich nicht zuletzt in Politik und Gesundheitswesen niederschlägt, im Leben von betroffenen Menschen auswirken kann. Hier im zweiten Teil habe ich überwiegend von unseren Erfahrungen berichtet. Dabei habe ich nicht mehr das Kind bzw. seine Behinderung und den allgemeinen Umgang mit Behinderung ins Zentrum der Betrachtung gestellt, sondern die Familie. Ich habe von unserem jahrelangen Leben an der Grenze erzählt, von meinen oder auch unseren Überlebensstrategien gesprochen, von stärkenden Einsichten, von Problemfeldern, die sich auftun, und wohltuenden Begegnungen. Dabei sollte deutlich geworden sein, dass die Behinderung eines Familienmitgliedes die Familie insgesamt betrifft und zwar in so hohem Maße, dass man getrost behaupten darf: Je nach Grad der Behinderung verändert sich das Leben der ganzen Familie mehr oder weniger radikal.

Was für Betroffene sicher seit vielen Jahren selbstverständliche *Erfahrung* ist, setzt sich als *Einsicht* vor allem im Gesundheitswesen und der Behindertenhilfe allgemein erst langsam durch. Mit weitreichenden Folgen: Während man früher

»Schwachsinnige«, »Idioten« und »Krüppel« als Kranke im Sinne des medizinischen Modells in Sonderanstalten unterbrachte, also ganz aus den Familien herausnahm, gibt es seit wenigen Jahren Bemühungen, Wege zur Unterstützung von *Familien* mit behinderten Kindern zu bahnen, damit die Kinder längstmöglich in ihrem familiären Umfeld bleiben können. (Thimm/Wachtel 2002) Dazwischen liegt eine jahrzehntelange Periode, in der die Behindertenhilfe stets den *einzelnen* Menschen mit Behinderung ins Zentrum ihrer Bemühungen stellte; alle Integrationsbemühungen, alle Hilfestellung zu einem möglichst normalen Leben galten – und gelten meist noch – isoliert dem einzelnen Menschen mit Behinderung. Die vielfältigen und unterschiedlichen Belastungen, denen die *Familien* mit einem behinderten (oder einem chronisch kranken) Kind ausgesetzt sind, kamen lange Zeit überhaupt nicht in den Blick.

So waren und sind die Familien mehr oder weniger auf sich gestellt. Wie die Studie von Thimm/Wachtel zeigt, waren und sind es meist die Mütter, denen es obliegt, für sich und ihre Familie gangbare Wege in ihrem neuen Leben zu finden. Gewiss keine leichte Aufgabe, gilt es doch nicht nur unendlich viele praktische Probleme zu bewältigen und schwierige Situationen (wie oben geschildert) auszuhalten. Dazu kommt, dass sich die Familien, ob sie wollen oder nicht, mehr oder weniger bewusst, mit all dem auseinandersetzen müssen, was ich im ersten Teil dieses Buches erörtert habe. Die Familien fallen ja als Ganzes aus der Normalität heraus, in der sie sich bis dato eingerichtet haben: Vieles ist plötzlich ganz anders, der Alltag muss neu organisiert werdem, die innerfamiliären Beziehungen verändern sich, oft auch die berufliche, damit ökonomische Situation, erst recht die soziale Situation. Auch die Familien sind, wie wir sahen, behindert; auch sie sind von Zuschreibungen betroffen, insofern ihre Umwelt ihnen in der Regel vermitteln wird, dass ihre Lebenssituation nun alles andere als normal ist. Auch die Familien können ein fatalistisches Lebensgefühl entwickeln, wenn sie ständig vermittelt bekommen oder ohnehin selbst denken: Eine Tragödie hat sich ereignet, eine Katastrophe ist über sie hereingebrochen. Auch die Familien müssen sich damit auseinandersetzen, was sie selbst – und andere – über Behinderung denken. Selbst wenn dies nicht gezielt geschieht und es ihnen auch niemand ausdrücklich sagt, erfassen Eltern doch mindestens intuitiv recht schnell, dass ihr behindertes Kind den vorherrschenden Normen voraussichtlich nie oder nie mehr entsprechen wird. In der Regel wird es Möglichkeiten geben, die Situation des Kindes, damit auch die der Familie, zu verbessern, aber nicht die Möglichkeit, das Kind in dem Sinne zu heilen, wie andere schwer kranke Kinder wieder geheilt werden können. Die »Anormalität«, »Regelwidrigkeit«, das Anderssein wird deshalb mehr oder weniger für die ganze Familie Normalität bleiben.

All dies kann – und wird auch oft – tiefe Krisen auslösen. Diese Krisen haben nicht nur mit Überforderung und Stress zu tun; sie lassen sich auch als Sinnkrisen entschlüsseln, insofern plötzlich die eigene Weltsicht, der eigene Standpunkt, die eigene Rolle und viele Wertmaßstäbe erschüttert werden und mancher Traum zerstört ist.

Die entscheidende Frage ist nun: Gelingt es, das Kind, wie es ist, und die Lebenssituation, wie sie ist, nicht nur hinzunehmen – das ginge ja auch mehr oder weniger resigniert und gleichsam mit zusammengebissenen Zähnen –, sondern als sinnvoll anzunehmen, womöglich sogar als gut so, wie es ist? Eben nicht, oder wenigstens nicht nur als eine einzige Tragödie, sondern als eine Herausforderung, vielleicht sogar als

Chance, das Leben neu auszurichten. Das mag zunächst merkwürdig klingen. Deshalb:

Noch einmal: Was heißt eigentlich »gut leben«?

Ich habe oben behauptet, dass mit Behinderung normal und gut zu leben eine lebenslange Aufgabe ist – oder sein kann. Dort ging es um die Auseinandersetzung mit den bei uns vorherrschenden Vorstellungen von Normalität. Danach sind Lebensqualität und ein gutes Leben eng mit all dem verbunden, was wir gemeinhin zu einem normalen Leben zählen. Fallen wir, z. B. durch die Geburt eines behinderten Kindes, aus dieser Normalität heraus, scheint ein gutes Leben nicht mehr möglich zu sein. Jedenfalls bedarf es dazu gehöriger Anstrengungen. Man muss sich ständig gegen den *mainstream* stemmen und Zuschreibungen, die man ja auch verinnerlicht hat, abwehren, will man das Eigene finden und behaupten. Dabei bleiben alle Bemühungen um Integration und Akzeptanz mit abhängig von den tatsächlichen Lebensbedingungen einer von Behinderung betroffenen Familie, von ihrem unmittelbaren Umfeld sowie den sozialpolitischen Bedingungen. Die Möglichkeiten, von denen Menschen bei der Gestaltung ihres Lebens ausgehen können, sind verschieden. Dementsprechend werden betroffene Familien ganz unterschiedliche Lebensmodelle entwickeln und die damit verbundenen Herausforderungen jeweils auf ihre je eigene Weise wahrnehmen und werten.

Eine ganze Reihe solcher Herausforderungen habe ich hier geschildert und mit meinen bzw. unseren Bewältigungsversuchen den Blick auf so etwas wie eine Innenperspektive gelenkt: auf unsere *Einstellung* zu dem, was uns da widerfuhr und unsere Versuche, im Ringen um ein möglichst gutes Leben trotz allem aktiv gestaltend in das Geschehen einzugreifen. Als hilfreich erwies sich dabei unser Wissen, dass die Frage nach einem »guten und schönen« Leben nach alter geistesgeschichtlicher Tradition wenig damit zu tun hat, ob und in welchem Maße ich, pointiert gesagt, an der Spaß- und Freizeitgesellschaft teilnehmen kann. Die Frage nach dem guten Leben ist vielmehr von alters her gebunden an die Frage nach dem »rechten«, rechtmäßigen, gerechten, sinnvollen Leben. Hier gilt es immer wieder abzuwägen, sein Gewissen zu befragen und sich zu entscheiden: Welche Werte habe ich? Woran orientiere ich mich? Welche Ziele verfolge ich, tief in meinem Herzen – und tatsächlich? Was ist mir wichtig im Leben? Und welche Wertvorstellungen hat die Gesellschaft, in der ich lebe? Woran kann ich mich halten? Wo sehe ich mich genötigt, Widerstand zu leisten und eigene Wege zu gehen? Und was bedeutet das alles im Augenblick? Ein gutes Leben wird dann nicht notwendig sorglos sein müssen, sondern ein Leben sein, das mir bei aller Sorge und Härte erlaubt, die mir wichtigsten Werte zu leben und die mir wichtigsten Ziele zu erreichen.

In diesem Sinne haben wir die Frage nach dem guten und schönen Leben angesichts der Behinderung unserer Tochter nicht nur nie fallengelassen, sondern immer wieder verschärft gestellt – waren und sind wir doch herausgefordert, unsere Werte, Prioritäten, Lebensvorstellungen und Lebenspläne ständig zu überprüfen, neu zu setzen. Und gerade deshalb ist es auch eine Chance, zudem für mich, für uns Wesentlichen vorzudringen, viele neue Einsichten zu gewinnen und – immer wieder neu – sehen zu lernen.

Keine leichte Angelegenheit, gewiss, geht es doch darum, sich innerlich gewissermaßen neu zu sortieren und womöglich auch noch die äußeren Lebensumstände entsprechend umzugestalten. Das kann Familienstrukturen erschüttern und einsam machen, wenn das Umfeld nicht mitzieht. Zudem findet dieser Umorientierungsprozess ja unter Begleitumständen statt, die einen tendenziell »auffressen«. Und doch, oder sogar deshalb, erscheint es mir wichtig, sich dieser tieferen Sinndimension und der damit verbundenen ethischen Herausforderung zu stellen. Das gehört meines Erachtens zum Kerngeschäft betroffener Familien (und der Unterstützung für diese!), denn von hier aus können sie Standvermögen und Durchhaltekraft beziehen. Von hier aus wird, bewusst oder unbewusst, über den Umgang mit ihren behinderten Kindern entschieden. Von hier aus können sie Perspektiven für ihr Leben mit dem behinderten Kind entwicken.

Anerkennung der eigenen Lebenssituation

Die Umorientierung, die das Leben mit einem behinderten Kind mehr oder weniger erzwingt, ist ein lebenslanger Prozess, insofern es darum geht, die eigene, meist völlig veränderte Lebenssituation anzunehmen und zu gestalten. Viele krisenhafte Stationen und Situationen, auch Brüche kennzeichnen diesen Prozess. Krisen sind Zeiten der Entscheidung. So sind es typischerweise die klassischen Übergangssituationen, die in diesem Sinne besondere Herausforderungen darstellen: zuallererst natürlich die Erkenntnis: Mein Kind ist behindert. Später dann die Wahl des Kindergartens (wenn man denn überhaupt eine Wahl hat), dann die Einschulung, danach die Pubertät, schließlich die Ablösung vom Elternhaus. Dazu kommen unendlich viele andere alltägliche Erfahrungen, die einem jeweils bewusst machen, dass das eigene Kind eben nicht »normal« ist: die ständigen Unterbrechungen des Alltags durch Krankheit, ein Kinderspielplatz, der sich nicht nutzen lässt, Ausflüge oder Besuche, an denen das Kind nicht teilnehmen kann, und vieles andere mehr. Immer wieder sieht man sich damit konfrontiert, dass dieses und jenes nicht geht, nie oder nur auf eine bestimmte Weise gehen wird, und muss sich dazu verhalten. Patentrezepte, die sich auf jeden Alltag übertragen ließen, gibt es keine.

Deshalb: Wie ein solcher Prozess verläuft, ist offen und sicher sehr unterschiedlich. Vielleicht kommt er ja auch gar nicht erst richtig in Gang, sondern führt schon im Anfangsstadium gerade nicht zur Akzeptanz, sondern zur definitiven Ablehnung des behinderten Kindes und der dadurch drohenden veränderten Lebenssituation, etwa bei Schwangerschaftsabbruch oder bei Freigabe zur Adoption. Die von mir angesprochene »tiefere Sinndimension« dürfte dabei ebenfalls eine Rolle spielen – und sei es in Form von Sinn- oder Ausweglosigkeit.

Eine Mutter erzählte mir, wie sie einmal angesichts ihrer verzweifelten Lebenssituation sehr genau geplant hatte, sich mit ihrem behinderten Kleinkind umzubringen. Erst in allerletzter Minute hielt eine irrationale Erfahrung sie davon ab. »Dir wird nichts aufgetragen, was du nicht tragen kannst«, sei ihr völlig unvorbereitet durch den Kopf geschossen. In diesem Moment entschied sie sich definitiv *für* ihr Kind und nahm die entsprechende Gestaltung ihrer Lebenssituation unter schwierigsten Bedingungen entschlossen auf sich.

Selbst eine so entschiedene Annahme des behinderten Kindes schützt nicht vor weiteren Krisen, zumal man ja am Anfang oft nicht weiß, nicht wissen kann oder auch nicht begreift, was die gestellte Diagnose lebenspraktisch bedeutet. Getrauert werden muss immer wieder, nicht über das Kind als solches, sondern über Einschränkungen von Lebensmöglichkeiten des Kindes wie der ganzen Familie. Eine Grundorientierung mit der Klärung der Frage, worum es einem eigentlich im Leben geht, kann helfen, anstehende Entscheidungen leichter zu treffen und nicht nur die Verzichtsseite, sondern auch die Chancen zu sehen, auf neue Weise trotzdem gut zu leben.

Anerkennung des Kindes

Mit dem entschlossenen Ja zu einem behinderten Kind, das wir annehmen und lieben, weil es unser Kind ist, beginnt ein Prozess, der bei näherem Hinsehen seine Tücken hat. Das Kind ist »anders«, weist mehr oder weniger offensichtliche Besonderheiten auf, die eine medizinische Diagnostik und Behandlung erforderlich machen. Eltern und Kind geraten in den Sog des »medizinischen Modells« (s.o. Kap. 2): Alles kreist um das, was nicht normal ist, was das Kind nicht kann, nie können wird. Das Kind wird, notgedrungen, zum »Fall«, seine medizinische Biografie beginnt, die Eltern werden zu Co-Therapeuten. Bei aller Liebe zu dem Kind als solchem bedarf es großer Anstrengungen, sich gegen diesen Sog zu stemmen.

Als unsere behinderte Tochter 3 1/2 Jahre alt war, hatte sie bereits drei Operationen hinter sich und wir erwogen gerade die vierte. Es war das erste Mal, dass wir die Wahl hatten, sie jetzt, später oder womöglich gar nicht operieren zu lassen, weil es sich nicht um einen akut notwendigen Eingriff handelte, sondern um eine Fußkorrektur, die ihr Bewegungsmöglichkeiten offenhalten sollte. Die Bedeutung von Letzterem hatte ihre damals achtjährige Schwester zunächst nicht verstanden, wohl aber, dass dieser Eingriff nicht lebensnotwendig war. Eines Tages sagte sie zu mir: »Warum wollt ihr sie schon wieder operieren lassen und sie quälen? Sie ist doch *gut* so, wie sie ist!«

Oft habe ich diese Anekdote erzählt, weil sie so genau auf den Punkt bringt, um was es geht: Behinderte Kinder genauso wie jedes andere Kind erst einmal anzunehmen als das, was sie sind, und als *gut* so, wie sie sind. *Mit* ihren Besonderheiten und Schwierigkeiten – wie andere Kinder auch. Sicher mag das ein hohes Ziel, eine bleibende Aufgabe sein, aber dazu gibt es meines Erachtens keine ethisch vertretbare Alternative.

Anerkennen, was ist, bedeutet: der Realität ins Auge zu schauen, nichts zu verstecken, nichts zu beschönigen oder weginterpretieren – und doch nicht nur das zu sehen, was nicht »normal« ist, was das Kind nicht kann oder können wird; das Kind also nicht auf die Behinderung als einziges Merkmal festzulegen, vielmehr einen Blick für die *unterschiedliche* Begabung/das *Verschiedensein* des Kindes zu entwickeln.

Im englischen Sprachraum hat die Behindertenbewegung angeregt, Behinderung nicht mehr *dis*-ability (Nicht-Fähigkeit oder Un-Fähigkeit) zu nennen, sondern von *different*-ability (unterschiedlicher Befähigung) zu sprechen. Damit soll die Möglichkeit eröffnet werden, vorhandene Fähigkeiten ins Auge zu fassen, das Anderssein als Verschiedensein zu akzeptieren, statt nur darauf zu achten, was nicht ist und geht.

Für unsere ältere Tochter war das immer klar: Sie hat eine kleine Schwester und die liebt sie so, wie sie ist. Dass sie behindert ist, ist sekundär. Und wir sollen sie bitte genauso nehmen und sie nicht »quälen«, sprich, ihr nichts Unangenehmes, Anstrengendes, Schmerzhaftes zumuten, »nur« um sie ändern zu wollen. »Wer sagt, dass jeder Mensch die gleichen Füße haben muss? Ihre Füße sind doch auch schön!«

Wie oft habe ich mir gewünscht, es könnte so sein, wenn mal wieder jeder Handgriff, jedes Spiel zum therapeutischen, also zielgerichteten Akt zu geraten droht: Nicht nur die möglichst tägliche Krankengymnastik gehört zum Pflichtprogramm, auch bei der ganz normalen Versorgung denkt man an »basale Stimulation« (ein therapeutisches Konzept zur Förderung von Schwerbehinderten im Alltag); bei Körperkontakt daran, die Entwicklung eines »Körperschemas« zu unterstützen; beim Trinken, wie Schlucken gelernt und unterstützt wird. Das Essen ist durchgeplant und jede Kalorie gezählt, damit trotz schwieriger Ernährungssituation eine ausreichende Versorgung gewährleistet ist. Beim Spielen vergegenwärtige ich mir Entwicklungabläufe, damit ich nicht zu viel verlange und den zweiten Schritt vor dem ersten tue. Beim Zu-Bett-Bringen ist an die richtige Lagerung für den Rücken, die Atmung, den Magen zu denken, und so weiter. Darf ich eigentlich manchmal einfach nur Mutter statt Co-Therapeutin sein?

Und wie fühlt sich das alles wohl für das Kind an? Ihr Körper scheint Allgemeingut zu sein, über das ständig andere verfügen: im Alltag, in dem sie ja auf Rund-um-Versorgung angewiesen ist, und erst recht, wenn sie krank ist, »gestochen« und dafür festgehalten wird oder weitreichende Untersuchungen und Behandlungen über sich ergehen lassen muss. Wie soll sie die Erfahrung machen können, dass ihr Körper ihr gehört und andere ihre Grenzen respektieren müssen – so, wie ich es ihrer Schwester von klein auf beigebracht habe?!

Andererseits haben wir als Eltern, oft mithilfe von TherapeutInnen und ÄrztInnen, die Pflicht, auch Kindern mit Behinderungen Chancen zu bieten und Entwicklungsmöglichkeiten offenzuhalten, indem wir sie fördern und fordern. Doch mehr noch als bei gesunden Kindern gehört hier dazu, ihnen Unangenehmes und Schmerzhaftes zuzumuten. »Quälen« nannte unsere ältere Tochter das – und erinnerte damit daran, wie ausgeliefert die Kleine therapeutischen Maßnahmen ist und wie übergriffig diese eventuell auch sein können.

Für Widerstand, auch heftigen, habe ich von daher durchaus Verständnis: Es ist auf jeden Fall ein ernst zu nehmendes Signal. Heißt das aber, dass ich deshalb aufhören und immer nachgeben muss? Dass ich ihr nicht auch mal etwas zumuten darf? Werden, ja müssen nicht alle Kinder die Erfahrung machen, dass es nicht immer nach ihrem Kopf gehen kann? Müssen wir nicht auch behinderten Kindern Grenzen setzen und Strukturen vorgeben, damit unsere Prinzessinnen oder Prinzen nicht zu Tyrannen werden? Jedenfalls habe ich die Idee, auch ein behindertes Kind erziehen zu wollen oder zu können, nie aufgegeben. Aber wie geht das vonstatten, wenn man sich nie erklären, ja die genaue Ursache von Widerstand und Geschrei kaum ermitteln kann? »Mama, sie kann doch nichts dafür!«, ermahnte mich manchmal meine »Große«, wenn ich genervt auf anhaltendes Geschrei reagierte. Wirklich nicht? Die Frage macht es nicht einfacher.

Den eigenen Standpunkt finden, Verantwortung übernehmen

Wahrhaftig keine leichte Aufgabe, da immer wieder abzuwägen: Was muss ich als unveränderliche Gegebenheit hinnehmen? Was darf ich meinem Kind zumuten in der Hoffnung, eine Verbesserung zu erreichen? Wo muss ich abwarten? Bin ich vielleicht versucht, mein Kind, einfach »nur« so »normal« wie möglich machen zu wollen? Nützt *ihr* dieser Eingriff/jene Therapie auch wirklich oder sind noch andere Interessen (Forschung, eigene Wünsche ...) im Spiel? Es ist ein unausweichliches Dilemma: Wie bekomme ich es hin, dass meine Tochter mal nur Kind sein darf, ihr also nicht nur eine medizinisch-therapeutische Biografie zugebilligt wird – und dass doch keine Chance, ihre Entwicklung zu fördern, vertan wird? Und wie, auf welcher Basis treffe ich, treffen wir, die wir keine medizinische Kompetenz haben, Entscheidungen für und über unser Kind, wenn die vielen involvierten Experten sich nicht einigen können oder wenn wir ihrem womöglich einstimmigen Rat nichts anderes entgegenzusetzen haben als unser Gefühl, dieses oder jenes sei nicht richtig oder doch gerade jetzt vonnöten?

Wir haben das mehrfach erlebt: Situationen, in denen wir voller Hoffnung an Besserungsmöglichkeiten festgehalten – und entsprechendes Verhalten durchgesetzt haben, wo Ärzte oder Ärztinnen meinten, es bestünde keine Hoffnung. Und umgekehrt: Situationen, in denen wir diagnostische und operative Maßnahmen verweigerten, Therapieformen ablehnten, weil sie uns zumindestens zum gegebenen Zeitpunkt zu belastend für unser Kind oder auch für die Familie schienen. Es war bestimmt nicht Überheblichkeit – und geschah deshalb auf unserer Seite stets mit Bauchweh, konnten wir doch nie sicher wissen, was jeweils das Richtige ist. Bis jetzt haben wir Glück gehabt und anscheinend richtig entschieden. Hoffentlich werden wir das auch später noch sagen können.

Auch in einer anderen Hinsicht hatten wir Glück, insofern wir nämlich in der Regel bei den »Profis« Verständnis für unsere Position gefunden haben, ohne das nötige Vertrauensverhältnis zu beeinträchtigen. Ich weiß von anderen Familien, dass das leider nicht selbstverständlich ist. Welche Faktoren hier letztlich ausschlaggebend sind, vermag ich nicht zu sagen. Aber es wäre eine Untersuchung wert. Denn nicht selten wissen Eltern intuitiv, was in einer bestimmten (Krisen-)Situation das Richtige für ihr Kind ist, und deshalb ist es sinnvoll, wenn Fachkräfte sich zur Gewohnheit machen, auf sie zu hören.

Hilfreich in Entscheidungsnöten ist für mich, für uns, uns auf das für uns Wesentliche zu besinnen, also auf unsere Grundwerte und das, was dementsprechend Lebensqualität für uns bedeutet. Zugegeben: Dieses Abwägen ist oft schwierig, es gibt keine einfachen Antworten, und es beinhaltet, sich als Eltern oder direkt Betroffene um einen je eigenen Standpunkt zu bemühen und bereit zu sein, sich einzumischen, Verantwortung zu übernehmen, und nicht den Fachkräften allein die Entscheidungen zu überlassen. So schwierig es sein mag, diese Art Einmischung ist unumgänglich. Selbst wenn ich gerne Verantwortung abgeben möchte, weil mir die medizinische und therapeutische Kompetenz fehlt, bin doch ich es, die entscheiden muss, ob und wann ich einen Arzt hinzuziehe, zu diesem oder jenem Arzt gehe, diese oder jene Klinik aufsuche, eher auf diese oder jene Therapie setze, auf diese oder jene Unverträglichkeit Rücksicht nehme usw.

So bin ich der festen Überzeugung, dass sich die Mühe lohnt, die eigene Entscheidungsbasis, die gelebten und angestrebten Grundwerte und Ziele zu klären und sie bewusst in Anschlag zu bringen. Schon die Frage nach der Lebensqualität des behinderten Kindes wie auch der gesamten Familie bewirkt etwas, insofern sie enthält, Behinderte als gleichwertig und gut anzuerkennen, aber auch die Möglichkeit bietet, sich um Interessensausgleiche innerhalb der Familie zu bemühen. Und das Zusammenleben kann, so unsere Erfahrung, dadurch erheblich an Tiefe, an Qualität gewinnen.

Anerkennen als gleichwertig meint nicht gleichmachend, sondern Offenheit für das, was dieser Mensch mitbringt, welche Möglichkeiten sie oder er hat; respektvolles Gewähren der notwendigen Hilfe und Unterstützung; ebenso respektvolles Akzeptieren der Grenzen und ein Bewusstsein dafür, dass das Gute für diesen (wie für jeden anderen) Menschen immer auch etwas anders sein kann, als wir denken. Gleichwertigkeit meint aber auf jeden Fall: zubilligen, was jedes Kind, jeder Mensch braucht: Geborgenheit dank zuverlässiger, kontinuierlicher Betreuung, Eingebundensein in eine Gemeinschaft, Freude und Glückserfahrungen, Zeiten der Ruhe und vor allem die Erfahrung: Ich bin gut, so wie ich bin – in dem dynamischen Sinn wie es für jedes Kind, jeden Menschen gelten sollte. Niemand mag und kann auf die Dauer in dem Gefühl leben, alles an mir muss verbessert werden, von Kopf bis Fuß.

TEIL 3

»Sind wir anders?«

Zum Titel

Den Titel dieses dritten Teiles habe ich in Anführungsstrichen gesetzt, weil es sich um ein Zitat handelt, nämlich eine Frage, die wir uns im Familienalltag öfter stellen und – stets mit schallendem Gelächter beantworten! Es sind Momente, in denen wir gleichsam neben uns treten und unsere Normalität mit anderen Augen betrachten, sie mit Humor benennen, Situationskomik entdecken und überspitzen. Dabei wissen wir alle natürlich um die ernste Seite. Unser Kind, unsere Schwester ist »anders« und deshalb ist auch unsere Lebenssituation als Familie und die von jeder/jedem Einzelnen »anders«. Dieses Anderssein, das ja inzwischen hinlänglich beschrieben wurde, wird hier noch einmal auf neue Weise ausbuchstabiert, dabei aber auch wieder mit einem Fragezeichen versehen.

Beginnen möchte ich mit einem Kontrapunkt zu meinen bisherigen Ausführungen, mit einigen »Sternstunden«: Augenblicken unendlicher Freude, reinen Glücks, die wir womöglich so empfunden haben und empfinden, weil wir bereits »anders« geworden sind, insofern wir angesichts der häufig ernsten Lage gelernt haben, uns über Dinge zu freuen, die anderen Menschen selbstverständlich oder selbstverständlicher erscheinen mögen.

7. Sternstunden

»Sternstunden der Menschheit« heißt ein berühmtes, die Zeiten überdauerndes Buch von Stefan Zweig. (1. Ausgabe 1927) In diesem Buch geht es um einzelne schicksalsträchtige Stunden und Augenblicke, die den Verlauf der Geschichte nachhaltig bestimmten. »Sternstunden« nannte Stefan Zweig diese Momente, »weil sie leuchtend und unwandelbar wie Sterne die Nacht der Vergänglichkeit überglänzen«. (Zweig 2004, S. 8)

Freilich: So weltbewegend ist das, was ich hier zu berichten habe, natürlich nicht! Unsere Sternstunden sind weit bescheidener, kleine Momente, die unseren oft beschwerlichen Alltag überraschend durchbrachen, auf unvergessliche Weise erhellten, manchmal auch nachhaltig veränderten. Solche Sternstunden haben wir mit beiden Kinder erlebt, also auch mit der älteren Tochter, wenn sie etwa mit ihrer großherzigen Liebe immer wieder schwierige Situationen unnachahmlich auf den Punkt brachte. Davon war hier schon öfter die Rede.

Hier soll es nun um Erfahrungen mit unserer jüngeren Tochter gehen, um Erlebnisse, an die wir gerne zurückdenken, die uns helfen, den Mut nicht sinken zu lassen und auch mit ihr immer wieder Neues zu wagen. Man könnte sie auch mit ganz normalen Erfahrungen in der Entwicklung eines jeden Kindes vergleichen: Die ersten Worte, die ersten Schritte eines Kindes – welche Eltern erinnern sich nicht mit Freude daran? Dass wir von Sternstunden sprechen, hat damit zu tun, dass wir eben nicht darauf warten konnten, sondern dass sich kleine Fortschritte manchmal ganz überraschend ereigneten.

Gewiss spielt auch die schon angesprochene Bescheidenheit eine Rolle: Man lernt, sich über Kleinigkeiten zu freuen, insbesondere, wenn der Blick sich auf das richtet, was geht, welche Fähigkeiten vorhanden sind – oder sich plötzlich zeigen.

Eine erste Sternstunde in diesem Sinne ereignete sich in unserer Abwesenheit. Eine erfahrene Krankenschwester auf einer Station, auf der unsere Tochter ausnahmsweise untergebracht war, sah in die Akte und schloss aus dem Alter des Kindes, dass jetzt Zeit für einen Brei war. Sie fütterte unser Kind, ohne zu wissen und zu bemerken, dass es das erste Mal war, dass unsere Tochter eine ganze Mahlzeit mit dem Löffel zu sich nahm. Was für ein glücklicher Irrtum! Bis dahin wurde sie wegen ihrer Saug-, Trink- und Schluckschwäche weitgehend über eine Sonde ernährt. Die war von nun an überflüssig! Nebenbei lernten wir, dass unser kleiner Filou durchaus in der Lage war, zwischen eingeübten »Ritualen« (Nahrungsaufnahme mit uns) und neuen Angeboten zu unterscheiden. Immerhin durften wir fortan an die neue Erfahrung anknüpfen.

Unvergesslich sind uns auch die ersten eigenen Schritte in einem eigentlich »verbotenen« Gehgerät. Die unermüdliche, nie aufgebende Physiotherapeutin unserer Tochter hatte uns das Teil zum Ausprobieren zur Verfügung gestellt. »Sagen Sie aber niemandem etwas davon!« Schließlich konnte unser Kind nicht einmal sitzen, geschweige denn krabbeln oder stehen. Aber Aufrichtung, Vertikalisierung war der Atmung wegen das Gebot der Stunde. Ich sehe diese Szene noch heute vor mir, habe das lauthalse Lachen unserer Kleinen im Ohr, als sie binnen kürzester Zeit, von ihrer Schwester angefeuert, herausfand, dass sie sich selbst damit bewegen kann, und zwar dahin, wohin SIE wollte. Von da an flitzte sie, bald mit einem orthopädisch korrekten Gehwagen, jahrelang mit Freude durch unsere Wohnung – und bewies, dass sie zielgerichtet handeln kann und über ein entsprechendes Orientierungsvermögen verfügt.

Ähnlich begeisternd fand unsere Jüngere die ersten Schlittenfahrten. Wir konnten dieses Vergnügen kaum mehr wiederholen. Nicht nur, dass sie zu schwer wurde, den Berg hoch getragen zu werden; wir, sie vor allem, mussten dieses große Vergnügen teuer bezahlen: Obwohl dick verpackt, landeten wir danach einmal mehr mit einem Atemwegsinfekt im Krankenhaus. Trotzdem bleiben uns unvergessliche Momente.

Nachhaltig in Erinnerung geblieben ist uns auch die Beziehung, die unsere Tochter zu einer Pflegekraft entwickelte, die längere Zeit zu uns kam. Diese Frau verfügt über eine – leider buchstäblich unnachahmliche Fähigkeit – mit unserer Tochter zu kommunizieren. Sie war ursprünglich Operationsschwester, hatte keine weitere einschlägige Ausbildung – und brachte doch mittels ihres Einfühlungsvermögens in relativ kurzer Zeit mehr an unsere Tochter heran als manche Fachkraft. Vor allem Freude, Lust etwas auszuprobieren, Bereitschaft, sich auf jemanden einzulassen. Als uns diese Hilfe unter Tränen verlassen musste, streckte ihr kleiner Schützling die Arme nach ihr aus, um sie zu drücken. Eine solche aktive Geste der Zärtlichkeit und Verbundenheit hatte es zuvor, auch uns gegenüber, nie gegeben.

Bis heute trauern wir dieser Frau nach – konnte doch bisher niemand mehr an diese besondere Form, unserem Kind zu begegnen, anknüpfen, auch wir nicht. Immerhin machte uns diese Erfahrung bewusst, dass zur Kommunikation, natürlich, immer zwei gehören, dass man also nicht unbedingt sagen kann, diese und jene Fähigkeit ist bei dem Kind nicht vorhanden. Einiges hängt eben auch von den Fähigkeiten und Möglichkeiten der Menschen ab, die ihr begegnen.

Musik ist ein großes Thema, von dem schon die Rede war. Und so ist manche Sternstunde damit verbunden: Eine wilde Trommelsession, die wir im Kreise der Familie begannen, um unsere Tochter zum Mitmachen zu motivieren – und tatsächlich: Plötzlich trommelte sie eifrig und begeistert mit. Oder: Eine hölzerne Spieluhr mit reinem Klang, die ihr Vater ihr in jener langen Zeit, in der sie in Lebensgefahr schwebte, in die Klinik brachte und die ihr, völlig geschwächt und apathisch, ein seliges Lächeln entlockte. Ein elektronisches Klavier, das sie zu Weihnachten, völlig selbstvergessen, für mindestens eine Stunde und dann wieder und wieder ausprobierte, den von ihr erzeugten Tönen nachlauschend – zum Weinen schön! Sie war der treueste Fan ihrer Flöte spielenden Schwester, bedeutete mir stets bereits bei den ersten Tonleiterübungen, dass ich sie dorthin fahren möge – und dann lauschte sie aufmerksam, meist ohne zu stören.

Ihrer Liebe zur Musik wegen gehören zu unserem Notgepäck stets Spieluhren, Liederbuch, Mundharmonika, Xylophon, Kassetten, CDs – oft über lange Zeit immer wieder dieselben, das musste und muss sein. Umso erfreulicher sind die Momente, in denen sie plözlich hochkonzentriert und alles andere vergessend Neuem zuhört, so als der Vater ein Gitarrenstück nachzuspielen versuchte oder ihr einen Kopfhörer aufsetzte, mit dem eigentlich er gerade Neil Young hörte. Er bekam ihn erst wieder, als die CD zu Ende war.

So wichtig Musik in ihrem Alltag ist, so wenig »herstellbar« sind damit verbundene Sternstunden. Versuche, mit ihr kleine Konzerte zu besuchen, sind zumindestens bis jetzt, gescheitert. Sie »stört« die übliche Stille. Auch ein einmal begeistert gehörtes Stück muss nicht unbedingt beim zweiten Mal schön sein.

Zu Herzen gehend ist, dass sie seit geraumer Zeit versucht, selbst zu singen, zum Beispiel abends im Bett vor dem Einschlafen – und dabei offenbar ihre Stimme entdeckt und Freude daran hat.

Sternstunden ereignen sich (neben Tiefstpunkten wegen fremder Umgebung) auch immer wieder in Urlaubssituationen (ja, die gibt es inzwischen). Als sie nicht baden durfte, legten wir sie in ein kleines Schlauchboot und ließen sie so die Wasserbewegung spüren. Das genoss sie still, bis sie herausfand, dass sie sich wild strampelnd selbst fortbewegen kann. Eine Riesenfreude für alle Beteiligten! Wir feuerten sie an – und mussten dabei natürlich aufpassen, dass sie nicht aus ihrem eigentlich viel zu kleinen Boot kippte. (Mit einem größeren wäre es nicht gegangen.)

Ohnehin gehört Baden, ob in der Wanne, im Schwimmbad oder im Meer, nicht gerade zu ihren Lieblingsbeschäftigungen. Aber zusammen mit der damals auch noch kleinen Schwester stellte sie ein paar Mal mit großer Begeisterung unser Bad unter Wasser – ein so herrlich normales Kindervergnügen, das uns aber, weil es eben so außergewöhnlich war, eindrücklich in Erinnerung geblieben ist. Genauso wie das Baden im Meer, das einen Sommer lang dank eines Taucheranzugs (der ihr Halt geben und sie vor dem Auskühlen schützen sollte) ein großes, leider bisher unwiederholbares Vergnügen für uns alle war! »Sams« nannten wir sie in jenem Sommer, nach den (auch verfilmten) Büchern von Paul Maar, in denen ein außergewöhnliches Wesen die Hauptfigur ist, das mit einem Taucheranzug bekleidet ist. (Die Idee mit dem Taucheranzug hatte übrigens auch wieder die schon genannte Physiotherapeutin!) Warum unsere Tochter trotz dieser guten Erfahrung später nicht mehr ans oder gar ins Meer wollte und auch sonst wieder ziemlich wasserscheu wurde, gehört zu den Rätseln, die sie uns immer wieder aufgibt.

Gern erinnern wir uns auch an unsere ersten Weihnachsfeste mit der Kleinen: an ihre großen Augen, die nicht vom weihnachtlich geschmückten Lichterbaum lassen konnten, an ihr vorsichtiges Betasten der großen, glänzenden Kugeln – und daran, wie sie einmal, gegen Ende der Weihnachtszeit, den ganzen großen Baum so eifrig untersuchte, dass er umfiel! So viel bewirkt! Begeistert klatschte sie in ihre Hände und strahlte. Spontan dachten wir alle an die Heilig-Abend-Geschichte der »Familie Heinz Becker« (gespielt von drei saarländischen Kabarettisten), in der so lange darüber gestritten wird, wie der schon geschmückte Baum auszurichten ist, damit er gerade steht, bis der Baum umfällt. Lachend fragten wir uns einmal mehr: Sind wir anders?

Ein Beispiel aus jüngerer Zeit ist ein Spaziergang im Gehwagen: Das Laufen in dem alten Gehwagen hatte sie zu unserem Kummer verlernt, dann mühsam, mit einem neuen Hilfsmittel, wieder sich selbst fortzubewegen gelernt. Diesen neuen Gehwagen erprobten wir einmal zu Hause. Wir wagten, bei schönem Wetter, einen Spaziergang draußen, auf asphaltierten Wegen. Ihr Vater war erstmals beim Laufen in diesem Gehwagen dabei, und prompt strengte sie sich an wie nie zuvor, selbst leicht bergauf allein voranzukommen, als müsse sie ihm »beweisen«, was sie alles kann. Unermüdlich (für ihre Verhältnisse) bog sie nach rechts und links ab, um Äste, Blätter, Sträucher zu befühlen. Wir waren alle vollkommen im Glück! Und registrierten einmal mehr die Ungleichzeitigkeiten in ihrer Entwicklung: Während unsere kleine Prinzessin in mancherlei Hinsicht auf dem Stand eines Kleinkindes geblieben ist, zeigt sie seit Beginn der Pubertät, ganz klassisch, zunehmendes Interesse am Vater – und löst sich so ein wenig von der Mutter.

Die Reihe solcher glücklichen Momente ließe sich noch fortsetzen. Ob sie unter Bäumen liegend zufrieden lautierend oder ganz aufmerksam in den Sommer- oder Sternenhimmel schaut, oder ein neues Spielangebot unerwartet begeistert annimmt, oder einen Spaziergang still lächelnd genießt, oder sich auf einen Besuch in unerwarteter Weise einlässt, oder die Küche in ein Chaos verwandelt, weil sie die große Lebensmittelschublade samt geöffneten Tüten und Gläsern ausdauernd untersuchte – immer wieder überrascht sie uns, durchbricht unsere Erwartungen, manchmal auch Befürchtungen, und ermutigt uns so, auch mit ihr, die so sehr auf vertraute Szenarien angewiesen zu sein scheint, Neues zu probieren.

Dass es diese Momente gibt, ist gut und wichtig. Sie helfen uns, unseren Blick immer wieder darauf zu richten, was geht oder vielleicht gehen könnte, auf vorhandene oder errungene Fähigkeiten zu achten und die kleinen Fortschritte und Erfolge wahrzunehmen. Vor allem lehren sie uns, dass wir uns alle immer wieder an dem freuen, was ist, und dass wir nichts für selbstverständlich nehmen, nicht nur in Bezug auf unser behindertes Kind!

Anlass zur Freude geben nicht nur Sternstunden. Inzwischen gibt es auch viele Situationen im Alltag, die das Leben mit unserem schwerbehinderten Kind nicht nur anstrengend, sondern auch hocherfreulich und bereichernd machen.

Sicherlich gibt es nach all den Jahren bei uns auch Abnutzungs- und Ermüdungserscheinungen. So steht das Ausmaß unserer Freude zweifellos in einem direkten Verhältnis zu all den gescheiterten Versuchen, sie zu fördern, mit ihr etwas zu unternehmen, sie für etwas zu interessieren. Ihre – und unsere – Grenzen anzunehmen und doch nicht nur der Macht der Gewohnheit zu verfallen, ist ein Aufgabe, die sich leichter annehmen lässt, wenn es gelingt, diese Grenzen immer wieder zu durchbrechen. Mehr noch als jeder andere Tag werden Tage mit »Grenzerfahrungen« dieser positiven Art zu geschenkten Tagen mit ihr, zu wertvollen Situationen in unserem Leben.

8. Zur so genannten Geschwisterproblematik

»Die arme Schwester!
Sicher muss sie auf vieles verzichten!«

Wie oft haben wir diesen Satz gehört und wurden spätestens dann mit dem Thema »Geschwisterkinder« konfrontiert! Während ich mich schon früh im Leben unseres ersten Kindes, nämlich bereits bei der Zweijährigen und also vor der Geburt der Schwester, mit Forderungen von Los- und Selbstständig-Werden-Lassen konfrontiert sah, begegnete ich nach der Geburt des behinderten Kindes immer wieder der Sorge, das gesunde Kind müsse zu kurz kommen, überfordert sein, zu früh Verantwortung für sich übernehmen und dergleichen. Hat das eine mit dem anderen etwas zu tun? War unsere ältere Tochter zu bemitleiden? War sie überfordert? Hatte sie nicht wirklich viel auszuhalten? Zweifellos.

Andererseits: Wenn unsere Große mit solchen Bemerkungen konfrontiert wurde – und das wurde sie oft –, reagierte sie stets mit Unverständnis. Nur weil sie, wie alle Kinder, klug ist und ihre Lektion, nicht ihrerseits auch noch Probleme zu machen, schnell gelernt hatte?

Wie das Umfeld von Familien mit behinderten Kindern geht auch die Fachliteratur zum Thema Geschwisterkinder davon aus, dass die Situation von Geschwistern behinderter Kinder »auf jeden Fall anders« ist als in Familien ohne ein behindertes Kind: »Die Lebenssituation von Geschwistern behinderter Kinder unterscheidet sich … entscheidend von der Gleichaltriger«, schreibt z. B. René Wolffersdorf. (2005, S. 42; vgl.

Winkelheide 1998, S. 4) Und: Die Eltern übersähen häufig die großen Belastungen: »›Wir lassen uns von niemandem einreden, dass das gesunde Kind Probleme hat!‹ Dies ist eine Aussage, die häufig geäußert wird und die vielmehr dem Wunschdenken der Eltern entspricht und mit der Realität wenig gemeinsam hat.« (Wolffersdorf 2005, S. 53)

Im Umfeld von Selbsthilfegruppen ist das Thema »Geschwisterkinder« ein Dauerbrenner, was eher dafür spricht, dass Eltern durchaus ein Problembewusstsein haben, vielleicht auch nichts versäumen oder sich schlicht vergewissern wollen, dass sie nichts Grundlegendes übersehen (haben). Sollte es keine Möglichkeit geben, mit einem behinderten Kind in einer Familie so zu leben, dass Geschwister keinen, gar dauerhaften Schaden davontragen? Befinden sich Geschwisterkinder zwangsläufig in einer bemitleidenswerten, ihre Möglichkeiten einschränkenden Situation? Und muss man Eltern, die keine Probleme sehen, grundsätzlich (naives) Wunschdenken unterstellen?

Nein, auch die Literatur geht davon aus, dass das Zusammenleben mit einem behinderten Kind durchaus positiv für Geschwisterkinder sein kann, vorausgesetzt, die Eltern verlieren Geschwisterkinder nicht aus den Augen und beachten einige Faktoren, die ein gelingendes Zusammenleben begünstigen. Ich kann dies aus meiner Erfahrung nur bestätigen, möchte aber zur Ermutigung von anderen Eltern zu dem ein oder anderen Stellung nehmen. Dabei ist näher zu betrachten, in welcher Hinsicht die Situation von Geschwisterkindern »anders« ist und welche Lebenssituationen Gleichaltriger zum Vergleich hinzugezogen werden.

Gibt es das typische Geschwisterkind?

Kein Zweifel: Geschwister behinderter Kinder *sind* verschiedenen Belastungen ausgesetzt. Dabei spielen, wie bei allen Geschwistern, also auch jenen ohne ein behindertes Geschwisterkind, verschiedene Faktoren eine Rolle: die Geburtenfolge etwa und der Altersunterschied, die Anzahl der Geschwister, ihr Geschlecht, die Beziehung der Eltern zueinander und zu den Kindern, die Persönlichkeit der Eltern, ihre Lebenseinstellung, ihr soziales Umfeld sowie ihre finanzielle Situation. Hinzu kommen in Familien mit einem behinderten Kind die Faktoren Einstellung der Eltern zur Behinderung, Schweregrad der Behinderung und oft veränderte oder erweiterte Geschwisterfunktionen: Die Geschwister sind einander nicht mehr (nur) Spielgefährten, Vertraute, Verbündete oder auch Rivalen, vielmehr übernehmen Geschwister behinderter Kinder auch andere Rollen: »Geschwister behinderter Kinder müssen vieles lernen und können. Sie sind Spielgefährte, Babysitter, Freund, Pfleger, Erzieher, Lehrer, Unterhalter, Co-Therapeut, Fürsprecher, Dolmetscher und in manchen Situationen sogar mal Ersatzmutter oder Ersatzvater …« (Ilse Achilles, hier zitiert nach Woffersdorf 2005, S. 28)

Weil es so viele Faktoren gibt, die eine Rolle spielen, und diese Faktoren naturgemäß stark variieren, gibt es – darin stimmt Wolffersdorf der Geschwisterforscherin und Initiatorin von Geschwisterseminaren Marlies Winkelheide zu – *kein* typisches Geschwisterkind; und auch die Entwicklung der Geschwisterkinder scheint diesen Experten zufolge durch das Leben mit einem behinderten Kind als solchem *nicht* festgelegt zu sein. (Wolffersdorf 2005, S. 26) Aber *Ähnlichkeiten* in der Situation aller Geschwisterkinder ließen sich doch feststellen.

Dazu zählen die Experten erhöhte Belastungen bzw. Anforderungen und, natürlich, die Konfrontation mit dem Phänomen Behinderung, das die Kinder nach innen und außen bewältigen müssen: für sich selbst, in der Familie und wenn sie durch FeundInnen, NachbarInnen und andere darauf angesprochen werden. (Hierzu Winkelheide 1998, S. 3f.; Wolffersdorf 2005, S. 26)

Kein Garantieschein für sorgenfreies Leben

Ein zentraler Faktor bei der Bewältigung der nicht wegzudiskutierenden Belastungen, denen Geschwisterkinder ausgesetzt sind, ist nach Ansicht der Fachliteratur die Einstellung der Eltern. (z. B. Wolffersdorf 2005, S. 30) Unsere Einstellung zu Behinderung geht aus all meinen Ausführungen zur Genüge hervor; hinzuzufügen ist hier eine unserer Leitvorstellungen im Umgang auch mit dem Geschwisterkind: Niemand wird mit einem Garantieschein auf sorgenfreies Leben geboren!

Mit dieser etwas saloppen Formulierung knüpfe ich an einige Paralellerfahrungen an, die ich von Anfang an machte und die ich später als praktische Bestätigung der oben ausgeführten Normalitätskritik wahrzunehmen lernte: In unserem unmittelbaren Umfeld gab es eine junge, schwer kranke Mutter zweier Kinder; eine Mutter, die ebenfalls noch jung, einen Schlaganfall hatte; alleinerziehende Mütter, die von Sozialhilfe lebten; Mütter und auch Väter, die arbeitslos wurden; krebskranke Elternteile; Kinder, die unter der anstehenden Trennung ihrer Eltern litten und andere mehr. Der ganz normale Wahnsinn eben, den das Leben so mit sich bringt. Zudem herrscht ja selbst in den Familien, in denen sich keine von außen erkennbare »Katastrophe« ereignet hat, nicht unbedingt eitel Sonnenschein.

All dies miterleben zu müssen, war bestimmt nicht erfreulich, aber es entlastete mich. So außergewöhnlich war es nicht, dass unser Geschwisterkind großen Belastungen ausgesetzt war. Das war sie, keine Frage, und nicht zu knapp; aber trifft das nicht auch für andere Kinder zu? Müssen nicht auch Kinder, die keine behinderten Geschwister haben, »vieles lernen und können«, das über idealtypische Kindheitsvorstellungen und Geschwisterbeziehungen hinausgeht? Wie oft müssen ältere Geschwister, vor allem in kinderreichen Familien, für jüngere Verantwortung, ja elterliche Rollen übernehmen? Wie oft müssen Kinder vermehrt Haushaltpflichten wahrnehmen und früh für sich selbst Verantwortung übernehmen, weil beide Eltern erwerbstätig sind, oder ein Familienmitglied ernsthaft erkrankt ist oder andere Probleme in der Familie zu tragen und zu bewältigen sind? Wie oft werden andere Kinder mit großen Herausforderungen und schwerwiegenden Problemen konfrontiert, die ihre Entwicklung sicherlich auch beeinflussen? Welches Kind lebt schon ohne die Erfahrung von Einbrüchen und Unterbrechungen? Mit welchen Gleichaltrigen werden also die Geschwister behinderter Kinder verglichen? Wird hier nicht eine heile, idealtypische Kinderwelt vorausgesetzt, die es bei näherem Hinsehen selten gibt?

Um nicht missverstanden zu werden: Ich achte alle Bemühungen, die Situation von Geschwisterkindern wahrzunehmen und sie auch öffentlich zu machen. Ich las die Fachliteratur, allerdings erst jetzt, durchaus mit Interesse und ließ mich davon inspirieren und meine eigene Wahrnehmung hinterfragen. Aber im Umgang mit unserer Tochter war es mir, uns, immer wichtig, auf besondere Anforderungen – natürlich – zu reagieren, diese aber stets *auch* als gleichsam normalen Teil des Lebens anzusehen. Unser Geschwisterkind sollte nicht in eine Opferrolle geraten, ihre Situation nicht als grundsätzlich bemitleidenswert angesehen und der »Verzicht auf vieles« zu einem sie, uns und andere belastenden Dogma werden. Wir sind eben nicht mit einer Garantie auf ein sorgenfreies Leben geboren. An den Lasten, die wir alle zu tragen haben, können wir kaum etwas ändern. Wohl aber können wir Kindern vermitteln und vorleben, dass man versuchen muss, das Beste aus allem zu machen, weil das Leben oft eben kein Honiglecken ist, aber trotzdem auch sehr schön sein kann, und dass man oft wählen muss, was einem wichtiger und weniger wichtig ist.

Mehr oder weniger günstige Bedingungen

Wie alle anderen Kinder haben auch Geschwister behinderter Kinder mehr oder weniger günstige, ihre Entwicklung fördernde, behindernde oder belastende Bedingungen. Die Bewältigung besonderer, mit der Behinderung des Geschwisterkindes verbundener Belastungen, hängt – auch dies ist unzweifelhaft – davon ab.

Günstig für unsere große Tochter war zweifellos der *Altersunterschied* von fünf Jahren: Sie war alt genug, dass wir ihr manches erklären konnten, alt genug auf die Erfüllung von Bedürfnissen in einem überschaubaren Zeitraum zu warten. »Nicht jetzt, aber in zwei Stunden habe ich Zeit für dich«, konnten wir so etwa sagen. Wir nahmen uns dann auch stets diese *Zeit*, und zwar in der Regel täglich. Außerdem unternahmen wir, allerdings meist getrennt, gerne etwas mit ihr, bis hin zu Tagesausflügen und Reisen, wobei sie durchaus genoss, Papa oder Mama mal ganz allein für sich zu haben. Im Übrigen äußerte sie schon früh, dass ihre Mama anscheinend mehr Zeit habe als andere Mütter, die (auch ohne behindertes Kind) erwerbstätig sind: »Es ist so schön, dass du oft da bist, wenn ich heimkomme.«

Bei der Geburt ihrer Schwester hatte sie aufgrund des Altersunterschiedes bereits einiges mit uns erlebt und insofern eine gute Basis, auch wenn sie selbst sich an ein Leben ohne Schwester kaum erinnern kann. Zudem war sie alt genug, sich in ihre Schwester und deren Bedürfnisse hineinversetzen und deshalb zum Beispiel sagen zu können: »Geh du zu ihr in die Klinik. Sie braucht dich jetzt mehr als ich.« Dabei konnten wir uns darauf verlassen, dass sie einen guten Zugang zu ihren eigenen Bedürfnissen und Gefühlen hatte und diese auch mitteilen konnte – eine Eigenschaft, die vieles, unter anderem auch die ständige Frage ihrer Betreuung, erheblich erleichterte. Wir konnten so leicht im Kontakt mit ihr bleiben und Absprachen mit ihr treffen, die sie attraktiv fand.

Wie oft beschrieben, nahm auch unsere ältere Tochter ihre Schwester stets primär als Schwester wahr: Sie freute sich, endlich ein Geschwisterkind zu haben; dass dieses behindert ist, war immer sekundär. Allerdings machte die *Schwere der Behinderung* die Lage eindeutig. Es gab und gibt keine direkte Konkurrenz, etwa im Messen von Fähigkeiten, keinen Geschwisterstreit. Die Kleine hatte ja gar keine Möglichkeit, etwa das Spiel der Älteren zu stören. Und sie war meist viel zu instabil, als dass ich die Schwester zu ihrer Betreuung hätte in die Pflicht nehmen können. Aber hin und wieder mit der Kleinen zu spielen, machte ihr durchaus Freude. Zufall, Veranlagung oder Folge der Situation? Die Große spielte nie mit Puppen, aber sie lernte, wie offenbar andere Geschwisterkinder auch, alle notwendigen pflegerischen Handgriffe spielerisch – und ich ließ sie diese auch machen, aber ausschließlich, wenn *sie* wollte.

Unvergessen der Moment, als wir das erste Mal aus der Klinik heimkamen. Nach Stunden des Darauf-Wartens streckte die Fünfjährige wortlos die Arme aus. Ich legte unseren Winzling hinein; die Schwestern schauten sich still an – und eine Liebe auf den ersten Blick begann, die bis heute hält. Wir haben diese Liebe zu pflegen versucht, indem wir sie niemals mit etwas belasteten, was der einen oder anderen hätte unangenehm sein können. Als allerdings die Heranwachsende von sich aus anbot, sie könne doch auch hin und wieder auf ihre Schwester aufpassen, damit wir mal einen Abend, gar ein freies Wochenende hätten, nahmen wir dies dankbar an – nicht ohne der Großen Rückhalt durch eine Fachkraft zu geben, die sie an den Wochenenden (zwei in zwei Jahren) stundenweise ablöste und im Übrigen Hintergrunddienst machte. »Hat richtig Spaß gemacht«, hieß es danach »das könnt ihr ruhig öfter machen!«

Belastungen

Wenn in der Literatur zu Geschwisterkindern von erhöhten Belastungen und Anforderungen die Rede ist, wird meist auf Haushalts- und Betreuungspflichten verwiesen, die wiederum auch abhängig von der sozialen und finanziellen Situation der Familie gesehen werden. Wir haben in erster Linie immer andere, nämlich die seelischen Belastungen im Auge gehabt, und wohl auch deshalb sehr bewusst darauf verzichtet, die Große mehr als altersüblich (eher sogar weniger) in Haushaltspflichten einzubinden. Oft haben wir diese lieber selbst übernommen oder liegen gelassen oder, bei Klinikaufenthalten, wenn dies ermöglicht werden konnte, die uns dann zustehende Familienhilfe in Anspruch genommen.

Psychisch außerordentlich belastend war für die Schwester wie für alle, zusehen zu müssen, wenn die Kleine mal wieder schwer krank war oder operiert werden musste. Psychisch belastend war sicher auch, die Mutter, die Eltern an ihren Grenzen zu erleben. Man weiß ja: Solange die Mutter oder die Eltern alles im Griff zu haben scheinen, fühlen sich auch Kinder in Sicherheit. Aber wehe, wenn dem nicht mehr so ist. Verzweifelt zeigte sich unsere Große nie, eher fing sie an, mich zu trösten; aber spätestens dann wusste ich, ich muss das Ruder wieder in die Hand nehmen, denn das ist die falsche Rollenverteilung.

Miteinander reden, im Kontakt bleiben, Fragen zwar möglichst altersgemäß, aber ehrlich beantworten, transparent sein, waren unsere Strategien, und vor allem: das nichtbehinderte Kind nicht ausschließen, auch nicht aus den Sorgen. Kinder spüren das doch und fühlen sich dann allein gelassen.

Als wir eines Nachts in der Klinik auf eine gefährliche, lebensrettende Operation an unserer Kleinen warteten, rief unsere noch gar nicht so große Ältere, die wir schlafend im Bette wähnten, plötzlich an: »Ich will wissen, was los ist! Und bei euch sein!« Wir holten sie. Tapfer ging sie in den Operationstrakt, um ihre dort schon vorbereitete Schwester zu drücken; tapfer harrte sie die ganze Nacht mit uns in den dunklen, leeren Klinikgängen aus – und ging am nächsten Morgen in die Schule. »Das lenkt mich wenigstens ab.« Das Beste aus allem zu machen, kann eben manchmal nur heißen, schwere Zeiten gemeinsam durchzustehen.

Auch andere Belastungen konnten und können wir unserer Großen nicht ersparen. Ungewöhnlich verlaufende Mahlzeiten, anhaltendes unerklärliches Schreien, nächtliche Störungen und einiges andere mehr. Manchmal schien es jedoch so, als hätte dieses Kind, das nichts anderes kennt, ein entspannteres Verhältnis zu den besonderen Verhaltensweisen ihrer Schwester als wir Eltern. »Sie kann doch nichts dafür!« »Sie ist eben so!« Wie oft hat sie solche Sätze gesagt – und sich nicht aus der Ruhe bringen lassen. Und sich manchmal mit einem genauso entspannten »Du nervst!« oder »Jetzt reicht's!« an ihre Schwester gewandt.

Einen großen Verzicht musste und muss die Große in der Geschwisterbeziehung allerdings leisten – und den hat sie schon früh und mehrfach danach ausgesprochen. »Das Einzige, was ich schade finde, ist, dass ich kein Geschwister habe, mit dem ich mal reden, mich richtig streiten und das mal für mich da sein kann!« Das empfand sie als umso ungerechter, als ihre Eltern jeweils mehrere Geschwister haben. Darüber haben wir getrauert und tun das immer mal wieder. Und wir haben sie ermutigt und darin unterstützt, Freundschaften zu pflegen und Gäste mit nach Hause zu bringen. Davon hat sie reichlich Gebrauch gemacht – entsprach dies doch ohnehin ihrem Naturell. Von Scham- oder Schuldgefühlen als Begleiter von Besuchen oder Kontakten ist mir nichts bekannt, wohl aber von großer, liebevoller Anteilnahme der Schwester, auch wachsendem Verständnis der Kinder und Jugendlichen, die zu uns kamen und sich von dem selbstverständlichen Umgang ihrer Freundin, unserer Tochter, anstecken ließen.

Sicherlich ließe sich eine längere Liste von Dingen und Möglichkeiten erstellen, auf die sie in der Tat verzichten musste. Die Frage ist jedoch, ob Wesentliches dazu gehörte wie unbedingte Liebe, Anerkennung, Wahrgenommen-Werden, Freude an ihr, Zuwendung, familiärer Zusammenhalt, Verlässlichkeit in Beziehungen. Ich denke nicht – im Gegenteil. Ich wage zu behaupten, dass die elterliche Liebe zu einem behinderten Kind auch die Geschwister stärken kann, insofern sie die Erfahrung machen können: Unsere Eltern lieben uns, ohne Vorleistung und egal, wie wir sind. Darüber hinaus hat die solidarische Unterstützung, die wir als Familie über nunmehr viele Jahre hinweg erfuhren, ihr Vertrauen in die Menschen gestärkt.

Inzwischen ist unser großherziges erstes Kind zu einer tüchtigen, selbstbewussten, weltoffenen, toleranten, fröhlichen jungen Frau herangewachsen, die mit beiden Beinen im Leben steht, sich einiges zutraut, vor Schwierigkeiten nicht zurückschreckt und das Leben rundherum genießt. Sie hatte keine besonderen schulischen Probleme, glänzte aber auch nicht durch überdurchschnittliche Leistungen. »Mama! Du wirst doch nicht anfangen, über Noten zu reden! Schließlich gibt es Wichtigeres im Leben, oder?« Da kann Mama sich schon ertappt fühlen und zu grübeln anfangen …

So wird das Leben mit der schwerbehinderten Schwester sie sicherlich geprägt haben; inwiefern im Einzelnen, mag PychologInnen interessieren. Aber um ein Psychogramm geht es hier ja nicht, sondern um die Frage, ob sie – wie andere Kinder auch – mit Belastungen, die das Leben mit sich bringt, umzugehen gelernt hat, ohne ständig überfordert zu sein oder Schaden zu nehmen. Allem Anschein nach hat sie das. »Geht doch« kann man in ihrem Jargon nur überaus dankbar dazu sagen.

9. Wenn Selbstbestimmung und Autonomie an Abhängigkeit scheitern. Zur moralischen und politischen Situation des Lebens mit Behinderung

Das Problem: Ausschluss durch Abhängigkeit?

Autonomie, »Eigengesetzlichkeit«, ist ein Schlüsselbegriff in der Medizinethik, Biomedizin, Behindertenbewegung, ja unseren neuzeitlichen Gesellschaften überhaupt: Er bezeichnet das Ideal, möglichst frei, unabhängig und selbstbestimmt leben zu können. In allen modernen Freiheitsbewegungen ging es darum, dass dieses Ideal, rechtlich garantiert, wirklich universal gilt, also für alle Menschen, gleich welchen Standes, welcher Hautfarbe, welchen Geschlechtes, welcher Religions- oder Volkszugehörigkeit sie sind. Im Namen von Selbstbestimmung wurden jeweils Bewegungsfreiräume, Mitspracherechte, Bürger-, schließlich auch Bürgerinnenrechte erkämpft und damit die Anerkennung aller als gleichberechtigte Mitglieder einer Gesellschaft.

In der Tat also: ein kostbares Gut! Es geht um die gleiche Anerkennung *aller* Menschen als Menschen, um ihre Achtung als Personen, deren Würde nicht verletzt werden darf, um gleiche Chancen und Rechte innerhalb einer Gesellschaft. Weil dieses Ideal so grundlegend ist, wurde es unserer Verfassung vorangestellt.

Auch die Behindertenbewegung orientiert sich an diesem Ideal. Sie konnte auf dieser Basis in Deutschland das »Gleichstellungsgesetz« für Menschen mit Behinderung (seit 1. Mai 2002 in Kraft) und auf europäischer Ebene das politische Ziel der gleichberechtigten Teilhabe durchsetzen. Auch ansonsten gilt: Der Wechsel »– weg vom Objekt der Betreuung, hin zum Subjekt der gleichberechtigten Teilnahme – zieht sich derzeit wie ein roter Faden durch die Landschaft der Behindertenhilfe und der Behindertenpolitik. Es gibt nahezu keine Organisation für behinderte Menschen mehr, welche sich nicht mit dem Etikett der Selbstbestimmung schmückt.« (Puschke 2003, S. 48; vgl. Riegler 2006)

Das Problem ist, dass dieses Ideal zwar durchaus unterschiedlich verstanden werden kann und wird (Waldschmidt 2006, S. 5f., hier im Kontext von PND), immer aber bestimmte Fähigkeiten voraussetzt, allen voran vernunftgemäße Entscheidung, freier Wille und die Fähigkeit, diesen zu äußern sowie die Möglichkeit, frei über sich selbst verfügen und das eigene Leben selbst gestalten zu können.

Was aber, wenn Menschen nicht oder nicht mehr über diese Fähigkeiten verfügen? Wenn Selbstbestimmung und Autonomie kein Thema (mehr) sind, weil die Betroffenen nicht nur körperlich, sondern auch in hohem Maße geistig behindert sind, schwer krank oder alt und womöglich unter Demenz leiden oder aus anderen Gründen aus der Gemeinschaft der »unabhängigen«, selbstbestimmten BürgerInnen herausfallen? Wer nimmt die Interessen von all den Menschen wahr, denen zwar die Achtung als Person sowie gleiche Chancen und Rechte verfassungsrechtlich garantiert sind, die sich aber aufgrund ihrer Situation nicht (mehr) dafür einsetzen können, dass dies auch praktisch umgesetzt werden kann? Und was ist mit all den Menschen, die sich als Mütter, PartnerInnen, Angehörige entschieden haben, für solche, völlig von anderer Hilfe abhängige Menschen zu sorgen und dadurch ihrerseits in eine »sekundäre Abhängigkeit« (Feder Kittay, s.u.) geraten, das heißt selbst auf Unterstützung angewiesen sind, damit sie überhaupt in der Lage sind, tagtäglich solcher Fürsorgearbeit nachzugehen?

Meine jüngere Tochter und ich sind eindeutig in einer solchen Situation: sie, weil sie ihr Leben lang ständig und in jeder Hinsicht auf Hilfe angewiesen sein wird; und ich, weil und solange ich für sie sorge und mit großer Wahrscheinlichkeit, zumindestens in ökonomischer Hinsicht, auch darüber hinaus, weil ich mir ja den unverzeihlichen »Luxus« geleistet habe, über Jahre nicht erwerbstätig zu sein. Dass Abhängigkeit ein *moralisches* und *politisches* Problem darstellt, war mir also längst bewusst, und auch Ausschlusserfahrungen hatte ich mittlerweile genug. Deshalb verfolgte ich mit großem Interesse – und schnell desillusioniert – das *Europäische Jahr der Menschen mit Behinderungen* 2003. Interessiert, weil ich mir natürlich, wie angekündigt und auch zu erwarten war, eine Verbesserung der Situation von *allen* Menschen mit Behinderungen erwartete; desillusioniert, weil die angestrebte gleichberechtigte Teilhabe und gesetzliche Gleichstellung weiterhin ausschließlich auf die *Selbstbestimmung* von Menschen mit Behinderungen zielte. Die Behindertenbewegung sprach für »Menschen mit Behinderungen«, aber Schwerbehinderte kamen schlicht nicht vor. Sollte womöglich die Integration der einen, nämlich der weniger oder »nur« Körperbehinderten in die »normale« Gesellschaft faktisch auf Kosten der anderen, nämlich der schwerer Behinderten gehen?

Die Fachliteratur bestätigte meinen Verdacht: So beobachteten die Behindertenpädagogin S. Volz, Soziologinnen wie B. Rommelspacher und A. Waldschmidt (zu allen dreien s. Volz 2003, S. 84f.) wie auch der oben (im Kap. 3) hierzu bereits zitierte Normalitätsexperte J. Link (2004) in unterschiedlichen

Zusammenhängen eine Aufweichung der Grenzen zwischen Normalität und Anormalität zugunsten von Menschen mit Behinderung, denen man zubilligt, doch ein relativ normales Leben führen zu können; aber die Ausgrenzung von Schwerbehinderten werde schlimmer!

Der Grund liegt auf der Hand: Autonomie und Selbstbestimmung bleiben unangetasteter Normalitätsmaßstab. So steht man selbst bei der Gewährung von Hilfsmitteln oder therapeutischen Maßnahmen für Schwerbehinderte immer wieder vor der Frage, ob dies denn der »Selbstbestimmung« diene oder die »Autonomie« fördere. Was nicht der Rehabilitation, Integration, Befähigung zu mehr Selbstständigkeit dient, wird mit öffentlichen Mitteln (wieder?) weniger oder gar nicht unterstützt. Unselbstständigkeit führt zum Ausschluss.

Sind aber schwerbehinderte Menschen, wenn und weil sie unselbstständig, also abhängig sind und bleiben, nicht förderungswürdig? Was bedeutet die verfassungsrechtlich garantierte Menschenwürde und Gleichberechtigung für sie? Wie lassen sich Gleichberechtigung, Gerechtigkeit und Abhängigkeit zusammendenken? Und nicht zuletzt: Wie gehen wir in unseren Gesellschaften mit existenziellen, unvermeidbaren Abhängigkeiten um?

Während ich mit diesen Fragen rang und versuchte, sie auch öffentlich zur Sprache zu bringen, machte mich die Ethikerin Hille Haker auf die nordamerikanische Philosophin Eva Feder Kittay aufmerksam, die alle diese Fragen aufgreift – kein Wunder, ist diese Philosophin doch selbst Mutter einer schwerbehinderten, inzwischen erwachsenen Tochter. Einigen ihrer Überlegungen werde ich im Folgenden nachgehen, weil sie die moralische und politische Dimension vor allem der Erfahrungen von Müttern behinderter Kinder aufzeigen und reflektieren. Ich habe mich darin oft wiedergefunden und nehme an, dass es vielen LeserInnen ähnlich gehen wird.

Anders, weil abhängig?

Unsere Tochter ist vollkommen davon abhängig, dass andere für ihr Wohlergehen sorgen. Ist ihre Situation und meine, insofern ich hauptsächlich für sie zuständig bin, deshalb so anders als die anderer Menschen? In mancher Hinsicht bestimmt ja, wie wir sahen, aber auch nicht, wenn wir bedenken, woran Eva Feder Kittay erinnert: Jeder Mensch ist zu verschiedenen Zeiten des Lebens in unterschiedlichem Maße und auch auf verschiedene Weise abhängig. Jede und jeder ist auf Zuwendung, Umsorgt-Werden, Entlastung angewiesen, als Kind, im Alter, bei Krankheit, aber auch als voll funktionstüchtiger, im Erwerbsleben womöglich erfolgreicher Erwachsener, der sich gerade deshalb nicht um alles selbst kümmern kann, sondern darauf angewiesen ist, dass andere Menschen ihm oder ihr, bezahlt oder unbezahlt, Tätigkeiten abnimmt. So leben wir alle notgedrungen, unausweichlich in einem mehr oder weniger engen Beziehungsgeflecht. (vgl. Feder Kittay 1999, S. 23–30 u.ö.)

Natürlich gibt es unterschiedliche Arten und Grade von Abhängigkeit: Die Abhängigkeit eines Säuglings ist anders als die eines auf Dauer schwerbehinderten Menschen oder die eines Konzernleiters. Außerdem wirkt sich Abhängigkeit je nach kulturellen und sozialen Bedingungen unterschiedlich aus. Aber das ändert nichts daran, dass Abhängigkeit so unausweichlich zum Menschsein gehört wie Geburt und Tod und deshalb als radikales Faktum der *conditio humana*, des Menschseins als solchem, ernst zu nehmen und anzuerkennen ist.

Mit anderen Worten: Das autonome Subjekt, Grundlage von Staats- und Gerechtigkeitstheorien, Befreiungsbewegungen und nicht zuletzt Gegenstand einer langen philosophischen Tradition, ist ein höchstens zeitweise und partiell zu erreichendes Ideal, letztlich aber eine Fiktion. (vgl. Feder Kittay 1999, S. 5. 14. 17f. u.ö.) Alles Streben nach Autonomie und Selbstbestimmung ist deshalb nicht falsch; aber falsch ist, wenn wir dabei vergessen, dass wir alle abhängig waren, mehr oder weniger sind oder sein werden.

»Die beharrliche Betonung von Unabhängigkeit, die genauso oft in unserer modernen und postmodernen Welt vorkommt wie in den philosophischen Werken, und die das Personsein meiner Tochter herabsetzt, ist eine Manifestation unserer Flucht vor unserer eigenen ängstlichen Abhängigkeit – eine Flucht, in die sich Philosophen blindlings immer wieder verstrickt haben.« Dies gab Eva Feder Kittay 2006 in ihrer Dankesrede anlässlich einer Preisverleihung in Berlin zu bedenken. Und weiter: »Aber die Liebe, die aus solchen Beziehungen der Abhängigkeit hervorgeht, hat mir gezeigt, dass es nicht so sehr die Abhängigkeit ist, vor der man sich fürchten muss, sondern vielmehr unser Leugnen von Abhängigkeit; dass Abhängigkeit eigentlich eine reiche und unentbehrliche Quelle menschlicher Beziehung ist. Unsere Abhängigkeit auf diese Weise zu betonen, stellt menschliche Beeinträchtigungen, Gebrechlichkeit und Zerbrechlichkeit in das Zentrum dessen, was unser Menschsein ausmacht.« (Feder Kittay 2006, S. 7)

So unausweichlich wie die menschliche Abhängigkeit ist das, was Feder Kittay Abhängigkeitsarbeit (*dependency work,* 1999, S. IX. 30ff. 38 u.ö.) nennt, nämlich die Versorgung vor allem von radikal, nicht nur partiell oder zeitweise, Abhängigen – eine Arbeit, die es immer geben wird, geben muss und die es deshalb erforderlich macht zu fragen: Was passiert mit denen, die sie tun?

Zur Situation von Müttern behinderter Kinder und all jener, die für andere sorgen

Es sind weltweit nach wie vor Frauen, die in erster Linie für vollkommen auf Hilfe angewiesene Menschen sorgen und die Lasten dieser Arbeit tragen. (Feder Kittay 1999, S. X) Die Verteilung dieser Arbeit nach Geschlecht ist kein Zufall, sondern verdankt sich der wohlbekannten Naturalisierung entsprechender Tätigkeiten: Traditionell gelten Frauen als »von Natur aus« geeigneter für die Pflege und Versorgung von Kindern, Alten, Kranken und Schwerbehinderten.

Mit der Naturalisierung einher ging stets die Privatisierung. (a.a.O., S. 1f. u.ö.) Die meisten Formen von dem, was hier »Abhängigkeitsarbeit« genannt wird, blieb lange Zeit – und bleibt bis heute oft – privaten Arrangements überlassen, in den USA offenbar noch mehr als in Deutschland oder anderen europäischen Ländern.

Allerdings: Dadurch dass Frauen Freiheit und Gleichberechtigung für sich einforderten und zu einem hohen Prozentsatz erwerbstätig sind, auch sein müssen, wird die Wahrnehmung dieser so wichtigen und unumgänglichen Arbeit zu einem immer dringlicheren Problem – für die Frauen selbst sowie für die Gesellschaften. Denn als Erwerbstätige sollen die Frauen unabhängig, voll funktionstüchtig und zuverlässig sein; zugleich sollen und wollen sie nicht die im Stich lassen, die sie brauchen, in erster Linie ihre Kinder und zu pflegende Angehörige. (vgl. Feder Kittay 1999, S. XI)

Aufgrund solcher »Privat«tätigkeiten werden Frauen aber immer benachteiligt sein, weil ihre Situation durch besondere »Anfälligkeiten, Verwundbarkeiten« (*vulnerabilities*) charakterisiert ist: Die Fürsorge im »Privaten« kann die Verfügbarkeit im Erwerbsleben beeinträchtigen. Arbeitgeber rechnen buchstäblich damit. So werden zum Beispiel Frauen, und nur Frauen, in Bewerbungsgesprächen immer mal wieder nach Kinderwunsch bzw. der Versorgung vorhandener Kinder gefragt, obwohl das zumindestens in Deutschland nicht zulässig ist. Frauen, die »Abhängigkeitsarbeit« zu leisten haben, geraten daher, ob sie gleichzeitig erwerbstätig sind oder nicht, häufig in eine Zwickmühle. Nicht selten müssen sie berufliche, damit auch ökonomische Nachteile in Kauf nehmen, zudem eine Verschärfung ihrer persönlichen Lebenssituation: Ihr Selbstwertgefühl wird untergraben, wenn sie wegen der Sorge für andere weniger erfolgreich und leistungsfähig sind, gar sekundär abhängig werden, und zugleich die von ihnen privat geleistete Arbeit kaum gesellschaftliche Anerkennung erfährt; außerdem haben diese Frauen wegen ihrer Abhängigkeit oft kaum Ausstiegsmöglichkeiten aus eigentlich gescheiterten Ehen.

Wer es sich leisten kann, stellt Personal ein, in der Regel ebenfalls Frauen, die dann mit bezahlter Arbeit im familiären Bereich Geld verdienen, dieselbe gleichwohl zu Hause unbezahlt zu leisten haben. Solche privaten Arrangements sind nicht nur Luxus, sondern letztendlich auch keine Lösung des Problems. Sie zeigen nur, dass die Frage nach Freiheit, Gleichheit und Abhängigkeit eng verknüpft ist mit Fragen von Bildung, gesellschaftlicher Position, Rassismus (in den USA sind es überwiegend schwarze Frauen, die die weißen gebildeten Frauen entlasten), geschlechtspezifischer Verteilung von Arbeit und Armut. Frauen, die Abhängigkeitsarbeit leisten, werden Feder Kittay zufolge aus ihren Zwickmühlen nicht herauskommen, solange nicht die notwendige Umsorgung (*care*) von Abhängigen zu einer Frage gesellschaftlicher und politischer Verantwortung wird. (vgl. Feder Kittay 1999, S. XI u. 1ff. u.ö.)

Eine Herausforderung für die gesamte Gesellschaft

Da Abhängigkeit zum Menschsein gehört, also *jeden* Menschen unausweichlich betrifft, müssen wir uns heute fragen, wie eine Gesellschaft aussehen muss, die dem gerecht werden will (zum Folgenden s. Feder Kittay 1999, S. 102; vgl. 105f. u.ö.):

- Wie kann sichergestellt werden, dass Menschen, die fundamental auf andere angewiesen und in diesem Sinne radikal abhängig sind, auf Dauer und entsprechend ihren Bedürfnissen versorgt werden?
- Wie wird gewährleistet, dass auch für diejenigen, die direkte »Abhängigkeitsarbeit« leisten, finanziell und ideell, gesorgt wird? Denn wer hauptsächlich für das Wohlergehen anderer sorgt – das können und sollten in Zukunft genauso Männer wie Frauen sein –, braucht ein breites Spektrum von Unterstützung, damit sie oder er fähig bleibt, diese Arbeit gut zu tun; das reicht von der Erfüllung eigener Bedürfnisse bis hin zur Gewährleistung, jemand übernimmt meine Arbeit, wenn ich nicht mehr kann.
- Wie können die Menschen sicher sein, dass sie, wenn sie in eine abhängige Situation kommen, nicht verlassen sind und

an den Rand der Gesellschaft gedrängt werden, sondern Bedingungen vorfinden, die ihnen ein normales, gutes Leben ermöglichen?

Eine Gesellschaft, die der Unausweichlichkeit menschlicher Abhängigkeit gerecht werden will, kann sich nicht damit begnügen, quasi soziale Nischen für Behinderte, Alte, Schwerkranke und die für sie Zuständigen zu schaffen. Sie muss vielmehr Freiheit, Gleichheit und Abhängigkeit *zusammen*denken. Die Frage ist, *wie* Freiheit und Gleichheit zu denken sind, in Bezug auf was, damit sie mit Abhängigkeit und damit mit dem Leben von all den Frauen vereinbar sind, die faktisch bisher in der Regel die Hauptlast dieser Arbeit mehr oder weniger privat tragen. Eine schwierige, hochkomplexe Fragestellung, so dass auch Eva Feder Kittay noch keine neue und praktikable Theorie von Gleichheit vorlegen kann, wie ursprünglich geplant (1999, S. XII. 50. 178), wohl aber eine Reihe wichtiger Vorarbeiten, die sie »Abhängigkeitskritik« (*dependency critique*; a.a.O., S. X. 13–17. 76f. u.ö.), Überlegungen zu einer »*Care* Ethik« (*ethic of care*; z. B. S. XV. 51. 53f.) und einer »*Connection-Based Equality*« nennt, einem auf der grundlegenden *Beziehungshaftigkeit* menschlicher Existenz beruhenden Verständnis von Gleichheit/Gleichberechtigung. (S. 66f. 71)

Die »Abhängigkeitskritik« wendet sich gegen das weitverbreitete Ignorieren der unausweichlichen menschlichen Abhängigkeit in modernen philosophischen, ethischen und politischen Vorstellungen von Gleichheit, Gleichberechtigung und Gerechtigkeit. Denn wer von der Gesellschaft als einer Gemeinschaft von Gleichen ausgeht, denen gleiche Chancen und Rechte zustehen, wird immer radikal abhängige Menschen ausschließen und die für sie sorgenden »AbhängigkeitsarbeiterInnen« benachteiligen. (vgl. Feder Kittay 1999, S. XI) Der Grund: Gängige Gleichheitsvorstellungen setzen voraus, dass die Beziehungen zwischen den BürgerInnen stets gleich-berechtigt, selbstbestimmt, freiwillig und für alle Beteiligten gleichermaßen von Nutzen sind, also symmetrisch, auf Gegenseitigkeit ausgelegt, höchstens *inter*dependent; das heißt, es wird bestenfalls mit gewissen und zeitweisen Abhängigkeiten unter ansonsten autonomen Menschen gerechnet.

Im öffentlichen Leben mögen solche Vorstellungen noch greifen, aber gewiss nicht da, wo kleine Kinder, Schwerbehinderte, Schwerkranke oder geistig Verwirrte betreut werden und deshalb Menschen in Abhängigkeitsbeziehungen leben (müssen). In erster Linie ist dies der Privatbereich Familie. Sie ist in hohem Maße ein nicht-egalitäres Arrangement, mit asymmetrischen Beziehungen, nach Alter und Geschlecht verschieden, und mit eingeschränkten Möglichkeiten, die einmal (mehr oder weniger) freiwillig eingegangenen Beziehungen auch wieder aufzukündigen. Dies gilt insbesondere, wenn radikal Abhängige zu versorgen sind.

Charakteristika von »Abhängigkeitsarbeit« und Abhängigkeitsbeziehungen zeigen, warum die mit einer Politik von Chancengleichheit verbundenen Ideen an der Realität der Betroffenen vorbeigehen (vgl. zum Folgenden Feder Kittay 1999, S. 31–48):

- Nicht gleich starke PartnerInnen stehen sich hier gegenüber, sondern es gibt ein *Machtgefälle*; dabei ist die »AbhängigkeitsarbeiterIn« allein dafür verantwortlich, dass dies nicht zu Herrschaft über die Abhängigen und Ausbeutung, z. B. der Kräfte der Betreuungskräfte, führt.

- *Vertrauen* ist hier wesentlich und ein sorgsamer Umgang mit den speziellen Bindungen und Verletzlichkeiten, die wahrscheinlich, vor allem bei schwer mehrfach Behinderten, auf beiden Seiten nicht zu vermeiden sind. Auf jeden Fall braucht es nicht nur Rationalität, sondern eben auch ein hohes Maß an *emotionaler* Energie, was wiederum die AbhängigkeitsarbeiterIn mehr bindet als jemanden, der selbstbestimmt und freiwillig eine Vertragsbeziehung eingegangen ist.
- Die »AbhängigkeitsarbeiterIn« ist *nicht nur für sich selbst verantwortlich*, wie die Eins-zu-eins-Vorstellungen von Gleichheitstheorien voraussetzen, sondern auch für eine andere, von ihr oder ihm abhängige Person. Deren Gedeihen und Wohlergehen steht ja im Zentrum ihrer/seiner Tätigkeit. Dazu braucht es, was Feder Kittay ein »*transparentes Selbst*« nennt (1999, S. 51-53), eine Offenheit für die tatsächlichen Bedürfnisse und Interessen der abhängigen Person, ohne dass diese von vornherein durch die Eigeninteressen gefiltert und abgeblockt werden. Dies mag idealistisch klingen, ist aber eine notwendige Voraussetzung einer für alle Beteiligten auf Dauer befriedigenden, menschlichen Gestaltung solcher »Abhängigkeitsarbeit«. Mit Selbstaufopferung, unnötigem Altruismus oder der Unfähigkeit, zugunsten eigener Interessen loszulassen hat das absolut nichts zu tun, zumal das Wohlergehen eines völlig abhängigen Menschen ja auch im Eigeninteresse derer ist, die sich um diesen kümmern.
- Anders als die vertraglich geregelte Erwerbsarbeit ist »Abhängigkeitsarbeit«, die privat geleistet wird, völlig ungeregelt: Je nach den Befindlichkeiten und Bedürfnissen der zu Umsorgenden verlangt sie viele verschiedene und immer wieder auch neue Fähigkeiten und Tätigkeiten; es gibt keine

festgelegten Arbeitszeiten, keine Ausbildung, keine oder nur eine schlechte Bezahlung, keine anerkannten ethischen Standards, keine gesellschaftliche Anerkennung als (qualifizierte) Arbeit, die sich etwa in einem Anspruch auf Arbeitslosengeld oder Umschulung ausdrücken könnte, wenn die Arbeit plötzlich nicht mehr nötig sein sollte.

Alles in allem sind die praktischen Bedingungen in der Regel also, dass sie nicht eben die Selbstständigkeit einer autonomen BürgerIn fördern, sondern in die beschriebene *»sekundäre Abhängigkeit«* führen.

Problem erkannt – Gefahr gebannt?

Nein, so einfach ist das leider nicht. Auch Eva Feder Kittay bietet keine Patentrezepte, mit denen sich alle Probleme lösen ließen, im Gegenteil: Erst einmal stellt sie ja unser Denken ziemlich auf den Kopf: Wir sollen nicht von Gleichheit, Freiheit und Selbstbestimmung ausgehend Politik machen, sondern erst einmal die menschliche Abhängigkeit und Gebrechlichkeit ins Zentrum stellen. Wir sollen ernst nehmen, dass wir alle notwendig in Beziehungen leben und dass die urmenschliche, grundlegendste Beziehung nicht gleichberechtigt, sondern asymmetrisch ist: »Wir sind alle einer Mutter Kind« (Feder Kittay 1999, 23ff. 68ff.), und wir bleiben auch als »unabhängige« Individuen auf andere Menschen, ihre »Fürsorge«, ein Umsorgt-Werden durch sie angewiesen, erst recht, wenn wir radikal abhängig sind oder werden. Und wir sollen Abhängigkeitsbeziehungen nicht mehr als rein private Angelegenheit ansehen, in die sich Politik nur notfalls (z. B. bei

Gewalt) einmischt; vielmehr sollen alle, nicht nur die Betroffenen, dafür sensibilisiert werden, was da genau passiert, mit welchen Folgen für wen, was moralisch vertretbar ist und wo gesellschaftliche Verantwortung greifen muss.

Alles nur graue Theorie? Nein, die Sache ist brandaktuell. Diskussionen in Medien und Politik um rückläufige Geburtenzahlen, Femininisierung der Armut, Gewalt von Jugendlichen oder sogar Kindern, Gewalt an Kindern, *burn out* unter Frauen, Pränataldiagnostik und Sterbehilfe, sind nur einige wenige Stichworte, die zeigen, dass »Abhängigkeitsbelange« allmählich als gravierende Probleme *gesellschaftlicher* Verfasstheit und sozialer Verantwortung ins *öffentliche* Bewusstsein rücken. Eva Feder Kittay bleibt das Verdienst, die Problemlage erkannt und beschrieben und damit denen eine Stimme gegeben zu haben, die sonst keine haben oder keine Zeit, sie zu erheben: radikal Abhängige und die sie hauptsächlich umsorgenden Menschen, in der Regel Frauen.

Ihre Problemanzeige verdeutlicht, dass Chancen und Rechte, sogar die Beachtung von Menschenwürde verloren gehen können, wenn Situation und Beziehung von radikal Abhängigen und den für sie Verantwortlichen nicht genau in den Blick genommen werden. (vgl. Feder Kittay 1999, S. 76f. u.ö.) Dies ist auch ein Appell an die Behindertenbewegung und die Frauenbewegung, nicht ihrerseits zur Ausgrenzung und Spaltung in den eigenen Reihen beizutragen, indem sie einseitig auf eine Politik der Selbstbestimmung setzen.

Die Situation in Deutschland mag besser sein als in den USA. Immerhin finanziert die »öffentliche Hand«, wie mehrfach erwähnt, nicht nur Sondereinrichtungen zur Betreuung von Abhängigen, sondern auch Hilfen für Pflegende und Sorgeberechtigte (z. B. via Eingliederungshilfe, Pflegegeld, Rentenanwartschaft). Aber das ändert nichts daran, dass Mütter schwerbehinderter Kinder auch bei uns in »sekundäre Abhängigkeit« geraten und selbst wenn sie erwerbstätig sind mit den Tücken von Abhängigkeitsarbeit zu kämpfen haben. Vieles davon ist hier im Buch beschrieben:

- die Notwendigkeit, eigene Bedürfnisse und Interessen als Einzelne, als Paar immer wieder zurückzustellen und ein »transparentes Selbst« zu sein;
- das Leiden daran, wenn das nicht gelingt;
- das Wohlergehen der radikal Abhängigen als eigenes Interesse;
- Zwickmühlen im Alltag;
- die fehlende gesellschaftliche Anerkennung (die Rund-um-die Uhr-Pflege über Jahre würde sich in meinem beruflichen Lebenslauf als Unterbrechung, als Nicht-Arbeit darstellen);
- die Auseinandersetzung mit Normalitätsvorstellungen und Ideen von gutem Leben, die an den Erfordernissen der Leistungsgesellschaft orientiert sind, nicht aber an der allgemein menschlichen Situation, der *conditio humana*, zu der nun mal Krankheit, Unterbrechungen, Leidvolles, Nicht-Perfektes, Endlichkeit und eben auch Abhängigkeit unausweichlich gehören.

Vieles bleibt hier noch zu tun. Eva Feder Kittay gibt uns eine Richtung vor. Nicht zuletzt dank des von den großen Behindertenverbänden gegründeten Institutes »Mensch Ethik Wissenschaft« (IMEW) in Berlin werden ihre Überlegungen allmählich auch bei uns aufgegriffen.

Bleibt zu hoffen, dass sie auch den Weg in eine breitere Öffentlichkeit finden, so dass für viele erkennbar wird, dass die

Situation von Menschen mit Behinderungen und ihren unmittelbaren Bezugspersonen zwar in mancher Hinsicht verschieden ist, aber genau betrachtet gar nicht so anders: Womöglich erleben wir manches nur krasser, darum bewusster, was für nicht von Behinderung betroffene Menschen ebenfalls gilt.

10. Behinderung und Lebenssinn – Einige theologische Anmerkungen

Geschöpfe zweiter Wahl? Worum geht es im Leben?

Plötzlich mit der Behinderung eines Kindes oder eigener Behinderung konfrontiert zu werden, ist zunächst eine Krisen auslösende Erfahrung. Das bisherige Leben gerät aus den Fugen. Vieles zuvor als richtig und wichtig Erachtetes trägt nicht mehr, und es stellen sich viele Fragen: Fragen, wie es nun weitergehen soll, Fragen an die Gesellschaft, aber auch sehr grundsätzliche Fragen: Warum habe ich ein behindertes Kind bekommen? Warum musste ich so schwer erkranken oder ein geliebter Mensch vorzeitig sterben? Warum musste dieses und jenes Unheil geschehen? Hat das irgendeinen Sinn oder bin ich einfach nur mit sinnlosem Leiden konfrontiert? Worum geht es im Leben? Was zählt am Ende – und was ist jetzt im Augenblick wichtig? Was hilft mir in meinem oft schwierigen Alltag? Viele Situationen und Erfahrungen, die solche Suchbewegungen auslösen können, habe ich hier beschrieben. Und gleichzeitig habe ich mehrfach behauptet, dass es sinnvoll ist, ja not-wendend sein kann, sich der eigenen Wertmaßstäbe, Lebensziele und Perspektiven auf das Leben zu vergewissern, weil sie, bewusst oder unbewusst, unsere Einstellung zu und unseren Umgang mit Behinderung beeinflussen. (vgl. Kap. 2)

Sollten Philosophie und Theologie nicht bei der Beantwortung dieser Fragen hilfreich sein können? Schließlich gehört es zum Kerngeschäft dieser uralten Disziplinen, immer wieder neu nach dem zu fragen, worum es im menschlichen Leben geht. Haben es also eine Philosophin wie Eva Feder Kittay und eine Theologin wie die Autorin dieses Buches nicht leichter, Antworten zu finden? Ja, aber auch Nein: Die Kenntnis dieser uralten Traditionen nimmt uns nicht die Mühe ab, eigene existenzielle Antworten zu finden; außerdem haben wir uns an Denktraditionen abzuarbeiten, die einem Leben mit Behinderungen, vor allem aber Menschen mit einer geistigen Behinderung nicht unbedingt gerecht werden.

So geht insbesondere die *Philosophie* in der Regel davon aus, dass das, was menschliches Leben sinnvoll macht, mit den Mitteln des Verstandes, der Vernunft bzw. des vernünftigen Willens zu erreichen ist: Weisheit, Freiheit, vernünftiges und sittlich gutes Handeln, Autonomie (vgl. Kap. 9) etc. Ist das Leben von Menschen, die über die entsprechenden Fähigkeiten nicht verfügen, dann sinnlos? Sind sie dann nur in einem eingeschränkten Sinn Menschen? Was heißt überhaupt »Geist«? Und ist es wirklich diese und nur diese Fähigkeit, die den Menschen zum Menschen macht? (vgl. Feder Kittay 2006)

Auch in der stets eng mit der Philosophie verbundenen *Theologie* finden sich solche Vorstellungen. So brachte erst kürzlich der katholische Bischof Mixa von Augsburg im deutschen Fernsehen das traditionell an rationalen Fähigkeiten orientierte Verständnis von Gottebenbildlichkeit auf die Kurzformel: »Ich bin Abbild Gottes, weil ich denken, lieben und relativ frei entscheiden kann« (am 7.4.09 in der Talk-Runde »Menschen bei Maischberger«/ARD). Ist »Geistbegabung« aber an den menschlichen Intellekt gebunden? Und Gottebenbildlichkeit an einen perfekten Körper? Sind Menschen mit Behinderungen, vor allem wenn sie »geistig behindert« sind, dann auch in theologischer Perspektive »Minusvarianten menschlichen Lebens« (vgl. Kap. 2), nämlich Geschöpfe zweiter Wahl, zu unvollkommen, um als Abbild Gottes in Frage zu kommen? Dürfen sie sich und wir sie als Geschöpfe verstehen, die gut so sind, wie sie sind, im gleichen Sinn wie jeder andere Mensch auch? (vgl. Kap. 6) Oder wird auch von der Theologie her ein moralischer, die eine Seite abwertender Keil zwischen die getrieben, die auf der Sonnenseite des Lebens zu stehen scheinen und die, die krank oder behindert sind?

Insbesondere von Behinderung betroffene TheologInnen (Bach, Eiesland, Elshout, ÖRK u.a.m.) haben begonnen, solche Fragen zu stellen und zu beschreiben, wie Menschen mit Behinderungen in theologischer Perspektive wahrgenommen wurden und werden. Demnach gibt es in der Theologie- und Kirchengeschichte eine äußerst unheilvolle Tradition, von Menschen mit Behinderung in herabsetzender Weise zu sprechen: Behinderung erscheint hier als Sinnbild des Bösen (vgl. Kap. 3) oder doch menschlicher Schwäche und Bedürftigkeit, als Folge von Sünde und Strafe Gottes, als Zeichen für mangelnden Glauben und als geschöpfliche Minusvariante. Kaum jemand wird dies heute noch so sagen; dennoch wirken diese Denkmuster bis heute nach: in der Theologie, der Verkündigung der Kirchen, in der so genannten Volksfrömmigkeit, manchmal auch unbewusst in säkularisierten Köpfen. Nicht zuletzt deshalb hat christliche Tradition bis heute einen Anteil an der Diskriminierung von Behinderten. Ähnlich wie bei dem in unserer Gesellschaft vorherrschenden Normalitätsverständnis (vgl. Kap. 1) handelt es sich dabei um eine verdeckte, meist wohl unbewusste Diskriminierung: Versteckt in kirchlicher Praxis, die sich zwar, dem Gebot der Nächstenliebe folgend, um Behinderte kümmert, diese dabei aber oft immer noch in die Rolle der »Schwachen« drängt und zu *Objekten* von Mitleid, Barmherzigkeit und kirchlicher Fürsorge macht. Versteckt auch in den klassischen Themen der Theologie (Gott, Schöpfung, Jesus, Mensch, Kirche), in denen Behinderung scheinbar kein Thema ist und die doch so formuliert sein können, dass Menschen mit Behinderung faktisch immer noch eine *Sonderrolle* zugewiesen und eine *Abweichung vom normalen Menschsein* bescheinigt wird. (vgl. bes. Bach 1991) Ein Beispiel dafür habe ich oben genannt: das traditionelle Verständnis von Gottebenbildlichkeit, in dem Vorstellungen von Gott und dem, was der Mensch in theologischer Perspektive ist und sein soll, zusammenkommen.

Diese Hinweise müssen hier genügen, um zu verdeutlichen: Obwohl sich Kirchen und auch Theologie heute vorrangig als Anwältinnen von Menschen mit Behinderung verstehen, ist es offenbar immer noch schwer, ihr Leben als eine der vielen möglichen Weisen des Menschseins auch theologisch anzuerkennen und sie als *gleichberechtigte* Mitglieder kirchlicher Gemeinschaften ernst zu nehmen. Für Menschen, die von Behinderung betroffen sind und um eben diese Anerkennung in der Gesellschaft wie auch um die Akzeptanz der eigenen Lebenssituation ringen (vgl. Kap. 6), liegt hier mindestens ein Spannungsfeld, das erst noch gründlicher beackert werden müsste. Jedenfalls lässt die Erfahrung von Behinderung manche theologische Antwort auf Fragen nach Sinn und Orientierung im Alltag buchstäblich frag-würdig erscheinen. Auch ich sah und sehe mich genötigt, liebgewordene Denkgewohnheiten zu durchbrechen, neue theologische Fragen zu stellen und manche neue Antwort auf die Frage nach Sinn, Ziel und Zweck, dem also, was wirklich wichtig ist, zu suchen.

Gott und das Leid

Die Frage nach Ursprung, Sinn und Zweck unseres Daseins und all dessen, was uns widerfährt, haben sich Menschen zu allen Zeiten gestellt und unterschiedlich beantwortet: meist religiös, im Glauben an eine göttliche Wirklichkeit, vor allem seit der Neuzeit aber auch oft atheistisch bzw. ohne sich auf einen solchen Glauben zu beziehen. Religionen sprechen hier von Schöpfung und bejahen damit, dass alles in einer allumfassenden Wirklichkeit einen Urgrund, einen Sinn, ein Ziel hat, selbst wenn ich dieses nicht erkennen kann. Ob ich mich diesem Glauben anschließe oder nicht, ist *beides* eine Frage des vertrauenden Sich-Einlassens und Für-wahr-Haltens, lässt sich also letztlich nicht rational entscheiden. Es geht dabei um eine lebenspraktische Entscheidung, die sich als tragfähig erweisen muss – und so oder so nicht vor Krisen und Wandlungen geschützt ist.

Diese Krisen haben oft mit unseren Gottesbildern und -vorstellungen zu tun. Wir können ja von Gott nicht anders als in Bildern reden; denn als »transzendente«, »über unsere Wirklichkeit hinausgehende«, sie durchdringende und zugleich »überschreitende« Wirklichkeit bleibt Gott uns endlichen Menschen letztlich entzogen und verborgen. Das heißt, bei aller bezeugten Nähe bleibt Gott immer auch der/die/das ganz Andere, Unfassbare. Deshalb mahnen Judentum, Christentum und besonders der Islam: »Du sollst dir kein Bild von Gott machen« (Ex 20,4): Ein einzelnes Bild würde ja die göttliche Wirklichkeit einengen, begrenzen und für unsere Zwecke verfügbar machen. Zugleich erzählen diese Weltreligionen von ganz unterschiedlichen Erfahrungen mit Gott und überliefern dabei jeweils *viele* Bilder und Vorstellungen, die einander korrigieren, ergänzen, »aufheben«, sich auch widersprechen und damit immer wieder Fragen provozieren:

Ist Gott allmächtig, gut und gerecht? Warum dann all das Böse, all das Leid in der Welt? Straft womöglich Gott Menschen mit Leid, Unheil, auch Behinderung für Sünden? Oder ist Gott gar nicht ein »im Himmel« thronender Machthaber, der als Schöpfer und allmächtiger Herrscher die Welt lenkt und unser aller Schicksal derart in den Händen hält, dass »er« den einen dieses, den anderen jenes auferlegt? Kann und muss man nicht angesichts unserer wie auch der in die Heiligen Schriften eingegangenen Erfahrungen mit gleichem Recht sagen: »Gott ist nicht gut und nicht gerecht?« (vgl. Benk 2008)

Unbequeme Tatsache: In der Bibel wird Gott genauso als Retter aus der Not wie als Schöpfer bezeugt, der *auch* »Finsternis und Unheil« schafft. (Gross/Kuschel 1995; vgl. Gebara 2000) Zugleich wird abgelehnt, Gott für Leiden und Unheil zur Rechenschaft zu ziehen. Eine eindeutige Antwort auf die Frage, *warum* bei uns Menschen die einen so und die anderen so sind und ein mehr oder weniger schweres Leben haben, mehr oder weniger Unrechts- und Leiderfahrungen haben, ist hier also nicht zu erhalten. Den Versuch, Gott und das Elend der Welt, das Unheil und die schreienden Ungerechtigkeiten in Geschichte und Gegenwart mit Gott in einen stimmigen *theoretischen* Zusammenhang zu bringen, gar miteinander zu versöhnen – über Jahrhunderte auch von großen Geistern unternommen – müssen wir insgesamt als gescheitert betrachten. (vgl. Häring 1985)

Schon die Bibel selbst ist nicht auf eine solche in sich schlüssige theoretische Welterklärung angelegt. Sie *erzählt* lebendig und konkret von allem, was Menschen widerfährt, und zwar als Geschichte von Menschen mit Gott, vielfältig und widersprüchlich, ohne Erfahrungen von Ungerechtigkeit, unverschuldetem Leiden, auch Behinderung, brutaler Gewalt, Krieg und Tod auszulassen, immer in der Überzeugung: »Gott mit uns«. Darauf können wir uns in *unserem* Ringen mit solchen Erfahrungen beziehen. Keine leichte Aufgabe, gewiss, weder die Auseinandersetzung mit unseren Glaubenstraditionen, noch (und erst recht nicht?) deren Verankerung in unserem Leben. Schließlich geht es ja um nicht weniger als den Sinn unserer Existenz oder, wie in unserem Fall, auch noch um den Sinn der Existenz eines anderen Menschen: unseres Kindes mit Behinderung. Und es geht darum, wie sich unser aller Leben »angesichts Gottes«, gleichsam aus der Perspektive Gottes, darstellt, letztlich sinnvoll und »vollendet« oder nicht. Aber weist die biblische Tradition hier überhaupt in eine eindeutige Richtung? Oder bleibt, wenn doch Gott gut und gerecht sein soll, zugleich aber der Ungerechtigkeit und anderer »finsterer« Taten beschuldigt werden kann, nicht letztlich alles offen?

Redlicherweise können wir uns um die Widersprüchlichkeit des biblischen Zeugnisses nicht herumdrücken. Aber wir können feststellen, dass es viele, sehr unterschiedliche Texte gibt, die das »Gott-mit-uns«-Bekenntnis so präzisieren: Keine Neutralität Gottes gegenüber dem Leid, sondern Gott ist bei den Leidenden, Ausgegrenzten und denen, die sich um Befreiung von Ungerechtigkeit, um Integration Ausgestoßener und an den Rand Gedrängter, um Menschlichkeit selbst unter unmenschlichen Bedingungen bemühen. Und wir können feststellen, dass es über Jahrhunderte immer wieder Menschen und Bewegungen gab, die sich auf solche Texte und die in sie eingegangenen Erfahrungen bezogen, um gegen Unrecht zu protestieren und um eine befreiende Praxis zu begründen. Das enthebt uns nicht der Notwendigkeit, auch jeden einzelnen dieser Texte (wie jeden anderen) kritisch zu prüfen, weist aber der Beantwortung unserer Fragestellung eine Richtung: Auch wenn wir die Frage nach Gott und dem Leid theoretisch nicht endgültig beantworten können, ist nicht alles unentschieden oder gleich-gültig: Es gibt einen klaren Ruf in eine widerständige bzw. solidarische Praxis, an der sich jede Rede vom biblischen Gott bewähren muss.

Eine andere, die Normalität durchbrechende Perspektive

Nach dem neutestamentlichen Zeugnis stellte sich der Jude Jesus in einzigartiger Weise in die gerade ausgeführte biblische Tradition, spitzte sie sogar noch zu: Er lebte Gottes Parteilichkeit für Ausgegrenzte, Unterdrückte, Arme, Kranke, Erfolg- und Machtlose sehr unmittelbar und konkret, pflegte dazu auch noch Gemeinschaft mit »Sündern« und »Gottlosen«. Kein Strafgericht mehr, auch nicht mehr »nur« Gottes- , Selbst- und Nächstenliebe kennzeichnen seine Botschaft, vielmehr verbindet er seinen Ruf in die tätige Nachfolge mit der Aufforderung auch zu Gewaltlosigkeit, ja Feindesliebe. Nur so wird die Welt und der Mensch selbst menschlicher, humaner, und nur so können wir etwas von Gottes »Heil« und »Reich« erfahren und erfahrbar machen, schon hier und jetzt – das ist die Botschaft. Dass er sie konsequent und kompromisslos in die Tat umsetzte, musste er – wie andere, die ihm darin nachfolgten – mit dem Leben bezahlen. Also sinnlos gescheitert? Der Osterglaube beinhaltet ein klares Nein: Wenn überhaupt, ist Jesus nur nach menschlichen Maßstäben gescheitert. Denn Gott hat sich mit Jesus »identifiziert«, ihn nicht dem Tod überlassen, sondern das Leid sogar in »Heil« verwandelt. Jesu Botschaft, sein Ruf in die Nachfolge sind bleibend gültig – auch wenn das offensichtlich lebensgefährliche Konsequenzen haben kann.

So bestätigt das Neue Testament: *Gottes Perspektive für die Welt deckt sich nicht unbedingt mit unseren Vorstellungen von Recht und Unrecht, Erfolg und Misserfolg, Sinn und Un-Sinn (Nicht-Sinn/Sinnlosigkeit), Normalität und Anormalität.* Daran erinnern immer wieder aufs Neue die biblischen »Autoren«, um in je konkreten Situationen zur »Umkehr« aufzufordern, zur Neuorientierung im Glauben, zur Umwertung der Werte: Alte Maßstäbe gilt es zu hinterfragen, und neue Maßstäbe sind an unser Denken, Urteilen, Leben und Handeln anzulegen, *wenn* wir uns denn auf die Sache Gottes einlassen wollen. Hier erhalten wir eine erste Antwort auf die Frage, was wichtig ist, eine *Grundorientierung*, an der wir unsere Vorstellungen wie auch die Welt um uns herum messen können. Zugleich ist diese Perspektive eine permanente *Provokation*, insofern wir aufgerufen sind, uns nicht im Gegebenen einzurichten, uns nicht abzufinden, sondern aufmerksam und kritisch gegenüber gängigen Werteskalen und Vorstellungen zu bleiben und eine andere, gerechtere Welt anzusteben: eine Welt, die es nicht gibt, solange wir sie nicht erträumen und mutig beginnen, in kleinen und kleinsten Schritten das zu tun, wovon wir träumen.

In diesem Sinne – als Inspiration und Orientierung, als Provokation und Aufforderung zum Engagement – ist mir diese biblische Perspektive wichtig geworden, auch für mein Thema hier. Denn von hier aus lässt sich der Ist-Zustand gewissermaßen »brechen«, die eigene Situation bedenken, die gesellschaftliche »Normalität« in Frage stellen und Ausgrenzung wahrnehmen, beschreiben und kritisieren. Doch gerade der Versuch, dies wirklichkeitsnah und lebenspraktisch zu tun, zeigt, dass es nicht genügen kann, große Visionen und zentrale biblische Botschaften zu erinnern, wenn es um spirituelle Orientierung in einem schwierigen und widersprüchlichen Alltag geht.

Heils- und Unheilserfahrungen im Alltag

»Was sagst du anderen Betroffenen?«, fragte mich mein Mann oft. Habe ich nicht in diesem Buch von Anfang an schon viel gesagt? Muss, sollte, kann ich als Theologin noch mehr sagen? Ich denke an Gesprächssituationen mit anderen Müttern. Wer würde hier damit beginnen wollen, von Gott als SchöpferIn, RetterIn oder ErlöserIn zu reden? Provoziert nicht gerade solche Rede Fragen wie: Warum ich? Was ist dann mit mir, meinem Kind? Ist Gott für die Behinderung verantwortlich? Warum »rettet« Gott dann nicht mich oder mein Kind? … Auch allgemein vom Gott des Lebens, der Gerechtigkeit und des Heils zu erzählen, erscheint mir schwierig: Welches konkrete Gesicht trägt dieses Leben, diese Gerechtigkeit, dieses Heil – hier und jetzt? Über Kreuzesnachfolge nachzudenken mag angesichts der durchkreuzten Hoffnungen und des alltäglichen Leidens naheliegend erscheinen, mir jedoch nicht, jedenfalls nicht, wenn ich nicht direkt darauf angesprochen würde: Zu gut weiß ich, wie oft solche Rede zur Vertröstung auf einen Ausgleich oder »Lohn« im Himmel geriet, zur Erstickung von Auflehnung, Kritik und Protest, zur Unterdrückung der Forderung nach Gerechtigkeit und Wertschätzung.

Was also sage ich?

Ich würde erst einmal gar nichts sagen, sondern zuhören – wie es eine Klinikseelsorgerin bei mir gemacht hat. Zuhören, um »ins Wort zu hören«. Ich würde Fragen stellen und herauszufinden versuchen, was mein Gegenüber umtreibt und ihr womöglich Probleme macht, also ihre Erfahrungen, ihre Situation daraufhin kritisch zu reflektieren, welche Lebensvorstellungen in ihrem Umfeld, in der Gesellschaft, religiöser Art … ihr hinderlich oder auch förderlich bei der Bewältigung ihrer Situation erscheinen. Hier könnte vieles – oder auch ganz anderes noch – formuliert werden, was ich in diesem Buch zur Sprache gebracht habe.

Dabei zeigen meine Ausführungen, dass es keine einfachen Antworten gibt, denn die Widersprüchlichkeit und Komplexität des Lebens sind dauernd erfahrbar, Hinderliches und Förderliches, Schlechtes und Gutes sind im je konkreten Alltag oft kaum voneinander abzugrenzen. Schmerz und Wohlbefinden, Möglichkeiten und Grenzen, Misslingen und Gelingen, Verzweiflung und Glück, liegen nah beieinander, ja vermischen sich – und zwar, allen Normalitätsvorstellungen zum Trotz, immer, bei allen Menschen, freilich mehr oder weniger ausgeglichen. Manche scheinen ständig auf der Sonnenseite des Lebens zu stehen, während andere unerträglich großes Leid zu tragen haben; mit der unserer Existenz gesetzten Grenzen werden wir alle konfrontiert. Mitten im Unglück gibt es Lichtblicke; schmerzliche Erfahrungen können sich, manchmal erst im Nachhinein, verwandeln in Neubeginn – genauso wie sich manches Glück als tragischer Irrtum herauskristallisieren kann.

Viele solche Momente, in denen Heils- und Unheilserfahrungen ineinander verwoben sind, habe ich hier erzählt. Zur Klarstellung sei aber erinnert: In die Erschütterung, tatsächlich ein behindertes Kind geboren zu haben, mischte sich bei uns tiefe Freude darüber, dass das Kind lebt. Die lieblose Diagnosemitteilung ist niederschmetternd und mich zum »dann erst recht« ermutigend zugleich. Gefürchtete Krankenhausaufenthalte werden zum Ort wichtiger Begegnungen … Und das Leben mit dem geliebten Kind ist, wie das Zusammenleben mit jedem geliebten Menschen, immer wieder Quelle von großem Glück und manchmal tiefer Verzweiflung.

Diese Erfahrungen und das Bewusstsein des alltäglichen Ineinanders von Heil und Unheil haben mich zu einer bescheideneren Theologin werden lassen. Die »großen« theologischen Themen haben mich intellektuell und existenziell stets fasziniert; aber jetzt scheint es mir wichtiger denn je, nach anderen Wegen zu suchen, von der göttlichen Wirklichkeit zu sprechen, mit weniger großen Worten, dafür mit Worten, die der Vielfältigkeit und Widersprüchlichkeit unseres Lebens besser gerecht werden. Die großen Visionen, die mich oft und lange beflügelt haben, mag ich nur noch unter Vorbehalt zur Sprache bringen, wenn es denn darum geht, den Hunger nach einer spirituellen Orientierung im Alltag zu stillen. Stattdessen wäre es mir ein Anliegen, wie Ivone Gebara (2000), das Alltägliche in der Theologie (wieder) zu entdecken, ihm gewissermaßen eine theologische Würde zu verleihen, indem wir unser Reden von Gott wieder neu auf der Sinnebene des täglichen Lebens verorten.

So wird mir die Lebensnähe, Widersprüchlichkeit und Alltäglichkeit biblischer Erzählungen noch sympathischer, genauso wie die biblische Sprache, die Bilder mitten aus dem Leben verwendet, Fragen stellt, Antworten offen lässt und gerade so immer wieder inspirierend ist. Das gilt im hohen Maße auch und gerade für Jesus. Und offensichtlich ist das Ziel seines Handelns selbst in den Heilungsgeschichten nicht, die menschlichen Seinsbedingungen aufzuheben, sondern diese in unbedingter Solidarität mit den Ausgegrenzten jeweils sehr konkret und in kleinen Schritten zu verbessern. So lässt er »das« Heil inmitten der Komplexität und Widersprüchlichkeit des Lebens in einzelnen Heilserfahrungen Gestalt werden: hier und jetzt, unmittelbar fühlbar und wahrnehmbar.

Was ich Betroffenen und Nichtbetroffenen von daher noch sagen könnte und möchte, ist dies: Das Leben mit einem (schwer) behinderten Kind ist nicht einfach schrecklich, wie wir in der Regel annehmen. Es muss keineswegs zum Verzweifeln sein; aber es gibt auch keinen Grund, es zu verharmlosen oder gar zu idealisieren. Es ist, wie das Leben auch sonst, abhängig von mehr oder weniger günstigen Bedingungen, ein Gemisch von Freude und Leid, Glück und Unglück, guten intensiven Erfahrungen und schweren Herausforderungen … Worauf es ankommt, ist, Aufmerksamkeit zu entwickeln für die mehr oder weniger »flüchtigen und gefährdeten Momente des Heils und der Auferstehung, die sich im Leben einer jeden und eines jeden ereignen.« (Heidemanns, in: Gebara 2000, S. 12) Achtsamkeit für die Momente der Aufrichtung inmitten der Verzweiflung, für die Gesten der Ermutigung und des Beistandes, wenn wir mutlos sind, für die Kraftquellen, die helfen, Krisen zu überwinden. Achtsamkeit und Respekt auch für die Kraft, die da ist, wo wir Schwäche vermuten, wie eben in den Kindern, Frauen und Männern mit Behinderung. Auch ihr Leben ist widersprüchlich und komplex, einschließlich ihrer Behinderung, die keineswegs nur negativ erlebt wird, sondern ein Teil ihrer Persönlichkeit ist, der mal so und mal so zur Geltung kommt.

Allerdings sind Menschen, die direkt oder indirekt von Behinderung betroffen sind genauso wie all die Menschen, die nicht auf der Sonnenseite des Lebens stehen oder gerade mit schwerer Krankheit oder anderen Krisen zu kämpfen haben, stärker und unmittelbarer mit der Relativität und Zerbrechlichkeit unserer menschlichen Existenz konfrontiert. Sie können sich niemals in einer Normalität einrichten, die das ausblendet, und können gerade deshalb vieles über das Leben lehren, darunter das Fragmentarische eines *jeden* Lebens wahr- und anzunehmen, das Unvollkommene wertzuschätzen, und zu akzeptieren, dass es jenseits aller vorherrschenden Normalitätsvorstellungen immer nur Menschen geben kann, die mehr oder weniger aus ihren Möglichkeiten machen und ihre Ziele mehr oder weniger gut realisieren.

Deshalb haben wir dank der Erfahrungen mit unserer behinderten Tochter in unserem Leben ein großes Maß an Gelassenheit gewonnen: Bei allem Einsatz Tag und Nacht, inmitten des dicksten Alltagsstresses haben wir es uns zur Gewohnheit gemacht, immer mal wieder innezuhalten, um uns gewissermaßen im Hinblick auf das, was *eigentlich* normal und was wirklich wesentlich ist, neu zu justieren. Ich hoffe, deutlich gemacht zu haben, dass dies gerade nicht heißt, sich fatalistisch im Gegebenen einzurichten, sondern, ganz im Gegenteil, eine Aufforderung sein kann, das eigene Leben und die Welt realistischer wahrzunehmen sowie herauszufinden und sich dann mutig für das einzusetzen, was wirklich wichtig ist.

Anders als man denkt: Schlusswort und Dank

»Denn erstens kommt es anders und zweitens als man denkt« ist ein Spruch, der flott und sprachlich nicht ganz korrekt eine Lebensweisheit zum Ausdruck bringt: Das Leben einer jeden und eines jeden ist im Allgemeinen und Besonderen voller Überraschungen und Unterbrechungen und verläuft oft anders, als wir es geplant, uns vorgestellt oder gewünscht haben, anders als »man« denkt. Das heißt: anders als die in unseren Köpfen so fest verankerten Vorstellungen einer Normalbiografie es vorsehen. Die Geburt eines behinderten Kindes ist so eine »Unterbrechung«, die mein und unser Leben einschneidend verändert hat. Ein tragischer Schicksalsschlag? Eine schreckliche Wende? Das Ende allen guten Lebens? Das wird gemeinhin angenommen. Aber so ist es nicht oder muss es nicht sein, wenn wir diese »Unterbrechung« als eine – freilich bleibende – Herausforderung sehen, uns auf neue Weise mit dem Leben im Allgemeinen und Besonderen auseinanderzusetzen und es aktiv zu gestalten. Dass ein solches Leben dann wiederum anders sein kann, als oft befürchtet, habe ich zu zeigen versucht. Sicher ist vieles ausgesprochen hart, auch trauern müssen wir immer mal wieder, aber trotzdem ist es ein gutes, intensives und reiches Leben. Um nichts in der Welt wollen wir unsere behinderte Tochter missen – und all die Erfahrungen, Begegnungen und Kontakte, die wir ihr verdanken!

Auch sie ist anders, als man und frau ohne eigene Erfahrungen zuvor denkt: behindert zwar, aber in erster Linie ein liebenswerter Mensch, mit einem eigenen Charakter und einer starken Persönlichkeit; ein Kind, das gut so ist, wie sie ist, im gleichen Sinn wie jedes andere Kind. Unser Leben mit ihr verläuft zwar, oft notgedrungen, anders als gedacht, aber mittlerweile fühlen wir uns oft gar nicht mehr so »anders«, haben wir doch zu sehen gelernt, dass ziemlich viele Menschen, und nicht nur von Behinderung betroffene Menschen, vergleichbare Erfahrungen machen. Und den menschlichen Seinsbedingungen kann ohnehin niemand ausweichen: Wir sind alle endliche und begrenzte Wesen, abhängig von anderen und früher oder später mehr oder weniger auf Hilfe angewiesen. Diese schlichte Tatsache muss wieder in unsere Normalitätsvorstellungen eingehen, damit Menschen, die auf Hilfe angewiesen sind, nicht stigmatisiert und ausgegrenzt werden, sondern als gleichberechtigte oder doch gleich geachtete Mitglieder unserer Gesellschaften bis zuletzt ein gutes Leben führen können.

Dass wir bisher die große Herausforderung in ein insgesamt gutes Leben verwandeln konnten und können, verdanken wir der tatkräftigen Unterstützung und solidarischen Begleitung von so vielen Menschen, dass ich sie nicht mehr im Einzelnen nennen kann: Verwandte, Freundinnen und Freunde, Nachbarinnen und Nachbarn, Kolleginnen und Kollegen, Müttern und Vätern in einer ähnlichen Situation, manchen mehr oder weniger flüchtigen Bekannten und schließlich vielen engagierten Fachkräften. Von einigen habe ich hier erzählt; allen sei an dieser Stelle von ganzem Herzen gedankt! Ohne all die fachkundige Hilfe, ohne die vielfältigen kleinen und großen Gesten der Unterstützung, ohne all die Anteilnahme wäre alles ungleich schwieriger zu bewältigen (gewesen).

Dasselbe gilt für dieses Buch. Ideen, Erfahrungen und Gedanken dazu habe ich über Jahre in privaten Gesprächen sowie in Vorträgen, Seminaren, Workshops und Artikeln zur Diskussion stellen und so auf ihre Bedeutung für andere »testen« können. Allen daran Beteiligten danke ich sehr herzlich für ihr Interesse, für Einladungen, Mitarbeit und Rückmeldungen sowie die damit verbundene Ermutigung, mich an dieses Buch zu wagen und durchzuhalten. Dies gilt insbesondere für meine Kolleginnen aus der bundesweiten *AG Feminismus und Kirchen e.V.*, mit denen zusammen ich über Jahre hinweg den feministisch-befreiungstheologischen Ansatz entwickelt habe, der meinem Buch implizit zugrunde liegt. (vgl. Eickmeier/Flatters 2003) Zu danken habe ich hier vor allem *Christine Schaumberger*, Heidelberg, die vor und mit mir am Thema »Theologie und Behinderung« gearbeitet hat und mir großzügig ihr Material zur Verfügung stellte.

Wertvolle Impulse zur Realisierung des Buches erhielt ich von *Andrea Eickmeier*, Kiel, *Claudia Lueg*, München, *Monika Altenbeck*, Düsseldorf, und *Tullia Santin*, jetzt München. Dafür ganz herzlichen Dank!

Mein ganz besonderer Dank gilt schließlich dem Gütersloher Verlagshaus, hier besonders *Thomas Schmitz* und seiner Kollegin im Lektorat *Christel Gehrmann* für die stets freundliche und verständnisvolle Zusammenarbeit bei der Drucklegung.

Von ganzem Herzen danken möchte ich auch unseren langjährigen Pflegekräften *Ingrid Müller* und *Brigitte Germey* für ihre treue und zuverlässige Entlastung.

Ohne unsere Töchter aber würde es dieses Buch, natürlich nicht geben. Unendlich viel habe ich von ihnen und durch sie gelernt, so viel liebevolle Zuwendung erhalten, dazu von der älteren verständnisvolle Unterstützung, Ermutigung und Entlastung. Sie sind einfach ein Segen – und dafür kann ich nicht genug danken!

Das Gleiche gilt für meinen Mann, *Dr. theol. Stephan Schlensog*. Mit vielen kleinen Gesten und großem Engagement hat er meine Arbeit auch in schwierigen Zeiten unterstützt und sie mit kontinuierlicher Anteilnahme, tiefem Verständnis und fachkundiger konstruktiver Kritik begleitet. Viel wichtiger noch aber war und ist, dass er den hier thematisierten Weg mit mir gegangen ist und geht und dass wir uns über die vielen damit verbundenen Herausforderungen und Chancen stets so mühelos verständigen konnten und können. Ihm möchte ich deshalb zum Schluss ganz besonders herzlich danken.

Verwendete Literatur

Gottfried Adam/Roland Kollmann/Annebelle Pithan (Hg.) (1994), »Normal ist, verschieden zu sein«. Das Menschenbild in seiner Bedeutung für religionspädagogisches und sonderpädagogisches Handeln. Dokumentationsband des Vierten Würzburger Religionspädagogischen Symposiums, Münster: Comenius-Institut.

Ulrich Bach (1991), Getrenntes wird versöhnt. Wider den Sozialrassismus in Theologie und Kirche, Neukirchen-Vluyn.

Ulrich Bach (2002), Theologie nach Hadamar als Aufgabe der heutigen Theologie, in: Pithan, Handbuch, Gütersloh, S. 112-118.

Andreas Benk (2008), Gott ist nicht gut und nicht gerecht. Zum Gottesbild der Gegenwart, Düsseldorf.

Monika Bobbert (2005), Die Bedeutung von Krankheits- und Behinderungsbegriffen für die Formulierung von Rechten auf Sozialleistungen, in: Graumann, Anerkennung, S. 151-173.

Markus Dederich (Hg.) (2003), Bioethik und Behinderung, Bad Heilbrunn.

Katja Dettmering (1999), Behinderung und Anerkennung – Gleichheit fordern, auf Differenz bestehen, in: Rommelspacher, Behindertenfeindlichkeit, S. 179-204.

Klaus Dörner (2003), Chronisch kranke Menschen – von der Medizin in ihrer Eigenart verkannt, in: Graumann, Medizin, S. 89-97.

Jürgen Ebach (2002), Biblische Erinnerungen im Fragenkreis von Krankheit, Behinderung, Integration und Autarkie, in: Pithan, Handbuch, Gütersloh, S. 98-111.

Andrea Eickmeier/Jutta Flatters (2003), Vermessen! Globale Visionen – konkrete Schritte. Wegmarken durch den feministischen Alltag. Arbeitsbuch zu Elisabeth Schüssler Fiorenzas kritischer Befreiungstheologie. Sonderausgabe 3 zur Schlangenbrut. Zeitschrift für feministisch und religiös interessierte Frauen.

Nancy L. Eiesland (1994), The Disabled God. Toward a Liberatory Theology of Disability, Nashville.

Nancy L. Eiesland (2001), Dem behinderten Gott begegnen. Theologische und soziale Anstöße einer Befreiungstheologie der Behinderung, in: Stephan Leimgruber/Annebelle Pithan/Martin Spieckermann (Hg.), Der Mensch lebt nicht vom Brot allein, Münster: Comenius-Institut (Forum für Heil- und Religionspädagogik, Bd. 1, S. 7-25.

Elly Elshout u.a. (1994), Women with Disabilities: A Challenge to Feminist Theology, Roundtable Discussion, in: Journal of Feminist Studies in Religion 10, Nr. 2, S. 99-134.

Eva Feder Kittay (1999), Love's Labor. Essays on Women, Equality, and Dependency, New York/London.

Eva Feder Kittay (2004), »Behinderung und das Konzept der *Care* Ethik, in: Graumann, Ethik, S. 67-80.

Eva Feder Kittay (2006), Die Suche nach einer bescheideneren Philosophie: Mentalen Beeinträchtigungen begegnen – herausfinden, was wichtig ist. Dankesrede anlässlich der Verleihung des ersten IMEW-Preises am 23. Oktober 2006 in der Urania, Berlin. http://www.imew.de/index.php?id=269.

Ivone Gebara (2000), Die dunkle Seite Gottes. Wie Frauen das Böse erfahren, Freiburg i.Br./Basel/Wien (Theologie der Dritten Welt, Bd. 27).

Linus S. Geisler (2003), Jeder Mensch stirbt anders. Arzt-Patient-Kommunikation am Lebensende, in: Graumann, Medizin, S. 173-192.

Sigrid Graumann (2003), Bioethik oder Biopolitik? Zum Verhältnis von akademischem und öffentlichem Diskurs über die »Selektion« und »Manipulation« von menschlichem Leben, in: Graumann, Medizin, S. 15-45.

Sigrid Graumann/Katrin Grüber (Hg.) (2003), Medizin, Ethik und Behinderung. Beiträge aus dem Institut Mensch, Ethik und Wissenschaft, Frankfurt am Main.

Sigrid Graumann/Katrin Grüber/Jeanne Nicklas-Faust u.a. (Hg.) (2004), Ethik und Behinderung. Ein Perspektivenwechsel, Frankfurt am Main/New York.

Sigrid Graumann/Katrin Grüber (Hg.) (2005), Anerkennung, Ethik und Behinderung. Beiträge aus dem Institut Mensch, Ethik und Wissenschaft, Münster.

Dieter Gröschke (2003), Behinderung als ›Leiden‹? Biopolitik der Behinderung zwischen einer Ethik des Heilens und einem Ethos des Imperfekten, in: Dederich, Bioethik, S. 167-192.

Walter Gross/Karl-Josef Kuschel (1995), »Ich schaffe Finsternis und Unheil!« Ist Gott verantwortlich für das Übel?, Mainz, 2. Auflage.

Hermann Häring (1985), Das Problem des Bösen in der Theologie, Darmstadt (Grundzüge, Bd. 62).

Hille Haker (2005), Narrative Bioethik, in: Graumann, Anerkennung, S. 113-132.

Marianne Hirschberg (2003), Klassifikation und Normierung – eine Analyse der internationalen Klassifikation der Funktionsfähigkeit, Behinderung und Gesundheit (ICF) der Weltgesundheitsorganisation, in: Graumann, Medizin, S. 55-71.

Vera Kalitzkus (2005), Ein ethnologischer Blick auf die Biomedizin, in: Graumann, Anerkennung, S. 195-210.

Andreas Kuhlmann (2004), Akzeptanz ist zu wenig: Behinderte zwischen Angleichung und Abweichung, in: Graumann, Ethik, S. 52-57.

Walter Lesch (2004), Bioethik und Behinderung aus narrativer Perspektive, in: Graumann, Ethik, S. 99-103.

Jürgen Link (2004), »›Irgendwo stößt selbst die flexibelste Integration schließlich an eine Grenze‹ – Behinderung zwischen Normativität und Normalität«, in: Graumann, Ethik, S. 130-139.

Elisabeth List (2004), Behinderung als Lebensform und als soziale Barriere, in: Graumann, Ethik, S 36-45.

Andreas Lob-Hüdepohl (2003), »Verschieden normal sein«. Philosophische Facette, Tagungsbeitrag Berlin. http://www.gib-ev.de/material/lob03.pdf.

Dietmar Mieth (2002), Was wollen wir können? Ethik im Zeitalter der Biotechnik, Freiburg i. Br./Basel/Wien.

ÖRK 2003. Ökumenischer Rat der Kirchen, Zentralausschuss, Kirche aller – Eine vorläufige Erklärung, Dokument Nr. Plen 1.1, http://www2.wcc-coe.org/ccdocuments2003.nsf/index/plen-1.1-ge.html.

Annebelle Pithau/Gottfried Adam/Roland Kollmann (Hg.), (2002), Handbuch integrativer Religionspädagogik, Gütersloh.

Martina Puschke (2003), Der biomedizinische Blick auf Behinderung, in: Graumann, Medizin, S. 46-54.

Johannes Rau (2004), Ethik und Behinderung – In welcher Gesellschaft wollen wir leben?, in: Graumann, Ethik, S. 12-19.

Ulrike Riedel (2003), »Schadensfall Kind«, in: Graumann, Medizin, S. 117-132.

Christine Riegler (2006), Behinderung und Krankheit aus philosophischer und lebensgeschichtlicher Perspektive, Berlin (IMEW Expertise, Bd. 6).

Birgit Rommelspacher (Hg.), (1999), Behindertenfeindlichkeit. Ausgrenzungen und Vereinnahmungen, Göttingen.

Thomas Schramme (2005), Ist eine objektive Beurteilung von Lebensqualität möglich?, in: Graumann, Anerkennung, S. 87-97.

Otto Speck (2003), »Die Ökonomisierung des Lebenswertes als Gefährdung behinderten Lebens«, in: Dederich, Bioethik, S. 104-137.

Walter Thimm/Grit Wachtel (2002), Familien mit behinderten Kindern. Wege der Unterstützung und Impulse zur Weiterentwicklung regionaler Hilfssysteme, Weinheim/München (1998-2001 im Auftrag des Bundesfamilienministeriums erstellte Studie).

*un*Behindert Leben und Glauben teilen. Wort der deutschen Bischöfe zur Situation der Menschen mit Behinderungen vom 12.03.2003 (Die deutschen Bischöfe Bd. 70).

Sybille Volz (2003), Diskriminierung von Menschen mit Behinderung im Kontext von Präimplantations- und Pränataldiagnostik, in: Graumann, Medizin, S. 72-88.

Anne Waldschmidt (2005), Behindertenpolitik im Spannungsfeld zwischen Normierung und Normalisierung, in: Graumann, Anerkennung, S. 175-194.

Anne Waldschmidt (2006), PND in gesellschaftlichem Kontext, http://www.imew.de/index.php?id=299.

Richard von Weizsäcker (1993), Ansprache des Bundespräsidenten bei der Eröffnungsveranstaltung der Tagung der Bundesarbeitsgemeinschaft Hilfe für Behinderte, 01.07.1993 in Bonn. http://www.bundespraesident.de/Reden-und-Interviews/Reden-Richard-von-Weizsaecker.

Dorothee Wilhelm (2002), Verflucht sei, wer das Recht der Fremden beugt, in: Pithan, Handbuch, S. 37-44.

Marlies Winkelheide (1998), Geschwister werden ist nicht schwer, Geschwister sein dagegen sehr ..., http://www.down-syndrom-netzwerk.de/bibliothek/winkelheide2.html.

Gerhard Wolff (2004), »Behinderung« – Die medizinische Sicht, in: Graumann, Ethik, S. 25-35.

René Wolffersdorf (2005), Die Situation von Geschwistern behinderter Kinder; http://www.foepaed.net/wolffersdorf/geschwister.pdf.

Darja Zaviršek (1999), Die stummen Wunden sozialer Verletzungen – Behinderung und symbolische Ordnung in unterschiedlichen Kulturen, in: Rommelspacher (Hg.), Behindertenfeindlichkeit, S. 37-65.

Stefan Zweig (2004), Sternstunden der Menschheit. Vierzehn historische Miniaturen, Frankfurt am Main, 5. Auflage (1. Auflage Leipzig 1927).